Allitera Verlag

Der Hamburger Hafen und der deutsche Kolonialkrieg in Namibia

Beiträge zur Geschichtswissenschaft
Herausgegeben von Ernst Piper

Reihe Hamburger postkoloniale Studien Band 5
Herausgegeben von Jürgen Zimmerer

Hier bisher erschienen:

Band 1: Mara Müller, »Freiheit für Nelson Mandela«. Die Solidaritätskampagne in der Bundesrepublik Deutschland

Band 2: Malina Emmerink, »Hamburger Kolonisationspläne 1840–1842«. Karl Sievekings Traum einer »Deutschen Antipodenkolonie« im Südpazifik

Band 3: Nils Schliehe, »Deutschlands Hilfe für Portugals Kolonialkrieg in Afrika«. Die Bundesrepublik Deutschland und der angolanische Unabhängigkeitskrieg 1961–1974

Band 4: Myriam Gröpel, »Echte Objekte«. Die Sammlung des Hamburger Museums für Völkerkunde und die Frage nach Authentizität 1904–1919

Jan Kawlath

Der Hamburger Hafen und der deutsche Kolonialkrieg in Namibia

Die Inszenierung kolonialer Gewalt im Baakenhafen 1904–1907

Allitera Verlag

Weitere Informationen über den Verlag und sein Programm unter:
www.allitera.de

April 2019
Allitera Verlag
Ein Verlag der Buch&media GmbH, München

Satz und Umschlaggestaltung: Franziska Gumpp
unter Verwendung eines Fotos von Franz Spenker, 1904
zur Verfügung gestellt vom Bundesarchiv: Bild 146-2008–0180

Printed in Europe · ISBN 978-3-96233-111-5

Allitera Verlag
Merianstraße 24 · 80637 München
Tel.: 089 13 92 90 46 · E-Mail: info@allitera.de
www.allitera.de

Inhalt

Vorwort

Das vorliegende Buch ist eine leicht überarbeitete Fassung meiner Masterarbeit, welche ich im April 2017 am Historischen Institut der Universität Hamburg eingereicht habe.

Den Beginn der Arbeit markiert ein Besuch des Petersenkais in der heutigen Hamburger HafenCity, bei dem mir bewusst wurde, wie wenig Wissen ich über diesen wichtigen Ort der Hamburger Kolonialgeschichte habe. Daraus entstand die Motivation, mich damit auseinanderzusetzen, was während des Kolonialkriegs und des Genozids im heutigen Namibia hier vor Ort, in der Stadt, in der ich lebe, geschehen ist und welche Rolle die Stadt Hamburg dabei gespielt hat.

Schon erste Recherchen im Hamburger Staatsarchiv brachten hier neue Erkenntnisse hervor, unter anderem über den feierlichen Empfang Lothar von Trothas bei seiner Rückkehr aus dem Kolonialkrieg und dem Genozid oder die Übergabe von Willkommens- und Abschiedsgeschenken – sogenannte »Liebesgaben« – im Auftrag und auf Kosten des Hamburger Senats an nahezu alle knapp 19 000 deutschen Kolonialsoldaten, die über den Petersenkai im Baakenhafen reisten.

Im April 2018 hat der Hamburger Kultursenator offiziell bei einer Delegation von Vertreter*innen der Herero und Nama für die Rolle der Stadt Hamburg während des Kolonialkriegs und des Genozids um Entschuldigung gebeten. Es werden somit die ersten Schritte in Richtung einer Aufarbeitung und Auseinandersetzung mit diesem Teil der Hamburger Kolonialgeschichte gemacht. Ich freue mich, einen Beitrag dazu zu leisten und die Ergebnisse meiner Arbeit zu diesem wichtigen Thema einem breiteren Publikum zugänglich machen zu können.

Mein Dank gilt zunächst Prof. Dr. Jürgen Zimmerer, als Erstgutachter, für die Unterstützung und Beratung meines Masterarbeitsprojektes. Darüber hinaus danke ich Prof. Dr. Jürgen Zimmerer und Apl. Prof. Dr. Ernst Piper sowie den Mitarbeiter*innen des Allitera Verlags dafür, dass sie mir die Möglichkeit gegeben haben, meine Arbeit in dieser Reihe zu veröffentlichen.

Wie fast jede wissenschaftliche Arbeit ist auch diese nicht ohne die Anmerkungen, Kommentare, Korrekturen und Unterstützungen von weiteren Personen möglich gewesen, denen ich ebenfalls danken möchte: Kim Todzi, Regina Mühlhäuser, Christian Zech und Sebastian Balling sowie Karen Stubbemann, für die gegenseitige Unterstützung während des Schreibens unserer Masterarbeiten, und Tina für den Kaffee am Morgen und die unzählige Hilfe während der Prüfungsphase; Besenstrich für Besenstrich.

Einen besonderen Dank gilt meinem Onkel Manfred Kawlath, mit dessen finanzieller Unterstützung diese Publikation für mich möglich wurde.

Hamburg, Oktober 2018

1 Einleitung

»Sicherlich würde eine solche Art des Abschiedes den wackeren Pionieren deutscher Cultur noch lange eine gewisse Entschädigung sein für die Entsagungen und Strapazen, die sie auf sich nehmen werden, und ihnen das stärkende und aufrichtende Bewusstsein verschaffen, daß sie da draußen kämpfen und bluten als Glieder eines großen Ganzen, als Söhne eines treu verbundenen Volkes, für den Ruhm und die Macht des großen Vaterlandes!«
Hamburgischer Correspondent, Morgenausgabe, Nr. 355, 22.05.1896, S. 12.[1]

In dem Artikel »Der Abschied des Ergänzungscommandos für unsere Schutztruppe in Südwestafrika« schloss sich der Autor »Dr. W. H.« der Forderung einer Berliner Zeitung an, den ausreisenden Truppen die Ehren zukommen zu lassen, »die einem ins Feld ziehenden Truppentheile[sic] gebühren.«[2] Wie in dem obigen Zitat schon angedeutet, wurde über die Gestaltung dieser Transporte – und damit auch deren Bedeutung – in Hamburg seit spätestens Mitte der 1890er-Jahre öffentlich diskutiert. Aus Sicht des Autors waren die bisherigen Abschiede dem Anlass und der Bedeutung nicht angemessen:

> *»Und wie entläßt nun das Vaterland diese seinen wackeren, heldenmüthigen Söhne? Nicht viel anders als ein Gefangenentransport wurden sie bisher in Berlin zum Lehrter Bahnhofe geführt und dort nach Hamburg verladen, von wo sie, gleichfalls ohne jeglichen feierlichen Abschiedsgruß, ihre weite Seereise antraten.«*[3]

Im Verlauf dieser Arbeit soll gezeigt werden, dass acht Jahre später im Kolonialkrieg in Deutsch-Südwestafrika (DSWA) die in dem Artikel genannten Forderungen in die Tat umgesetzt wurden und die Soldaten Hamburg nicht mehr ohne einen feierlichen Abschiedsgruß verließen. Die vorgelegte Arbeit legt einen Fokus auf die Truppentransporte im Hamburger Hafen während des Kolonialkrieges in DSWA und ihrer

[1] Zitiert nach: StArch HH: 731-8_A 906.
[2] Ebd.
[3] Ebd.

gesellschaftlichen und politischen Bedeutung. Daher bilden die in dem Artikel geforderten Veränderungen bei den Truppentransporten zwar den thematischen Kern dieser Arbeit, aber hier wird sich nicht zentral mit den Umständen und Entwicklungen dieser Veränderungen auseinandergesetzt.

Aus eurozentristischer Perspektive waren alle drei großen Kolonialkriege des Deutschen Kaiserreichs sogenannte »Pazifizierungskriege«, bei denen weder neue Gebiete erobert werden sollten, noch gegen andere Kolonialmächte gekämpft wurde, sondern deren Ziel es war, die deutsche Herrschaft in einer Kolonie wiederherzustellen und dauerhaft abzusichern.[4] Dabei ist die Bezeichnung dieser gewaltsamen Konflikte als »Pazifizierungskriege« nicht nur eurozentristisch, sondern auch euphemistisch, da hier die totale Unterwerfung der einheimischen Bevölkerung im Mittelpunkt stand und nicht eine friedvolle Koexistenz zwischen Kolonisierten und deutschen Siedler*innen das Ziel war.[5] Um diese Kriege[6] in China und Afrika zu führen, wurden große Mengen an Truppen und Material aus dem Deutschen Kaiserreich zu den kolonialen Kriegsschauplätzen gebracht.

Aber nicht nur während der Kriege waren Soldaten und Waffen notwendig, um die koloniale Ordnung aufrechtzuerhalten. Die Bezeichnung als Krieg lässt auch vermuten, dass es davor oder danach friedlich und ohne Gewalt in den Kolonien zugegangen wäre, was aufgrund der alltäglichen Präsenz von Gewalt irreführend ist, denn »[v]ielmehr gehörte alltägliche Gewalt zu den charakteristischen Besonderheiten des Kolonialstaates, die sich in vielerlei Formen äußerte.«[7] Was hier deutlich werden soll, ist, dass Kolonialismus grundsätzlich mit Gewalt verbunden war und in bestimmten Fällen eine konzentrierte Gewaltausübung als notwendig angesehen wurde, um die koloniale Ordnung in den deutschen Kolonien abzusichern. Daher war es über den gesamten Zeitraum des aktiven deutschen Kolonialismus notwendig, Soldaten,

[4] Zeigerer 2016, S. 43.

[5] Kuß 2010, S. 14.

[6] In dieser Arbeit verwende ich durchgehend den Begriff »Krieg« für die gewaltvollen militärischen Auseinandersetzungen zwischen Kolonisierten und deutschen Kolonialsoldaten sowie Siedler*innen. Damit möchte ich mich von zeitgenössischen Begriffen der Kolonisatoren abgrenzen, mit denen damals ein verharmlosender Eindruck der Geschehnisse entstehen sollte und die Legitimität des Kampfes gegen die deutschen Kolonisatoren implizit infrage gestellt wurde. Vgl. Becker/Feez 2005, S. 12f.

[7] Zeigerer 2016, S. 43.

Polizisten und weitere Beamte mit unterschiedlicher Intensität und Frequenz in die Kolonien zu transportieren.

1.1 Fragestellung und thematische Annäherung

Eine der grundlegenden Thesen in dieser Arbeit ist, dass durch diese Truppentransporte der Baakenhafen und besonders der Petersenkai zentrale Orte für die Kolonialgeschichte Hamburgs sind. Wie noch zu zeigen sein wird, ist im Baakenhafen nicht nur Handel mit vielen Kolonien – deutschen und nichtdeutschen – getrieben worden, es wurde auch die koloniale Ordnung zwischen Kolonisierten und Kolonisatoren inszeniert. Dies geschah sehr verdichtet während des Kolonialkrieges in DSWA, für den – wie ebenfalls noch zu zeigen sein wird – nahezu alle Truppentransporte zum Kriegsschauplatz über dieses Hafenbecken gingen und viele davon auch hier wieder ankamen. Der hier benutzte Begriff der Inszenierung kommt aus dem Bereich der Forschungen zur Kolonialkultur, bei dem es um rassistische Darstellungen und Zuschreibungen bei sogenannten »Völkerschauen«, in »Völkerkundemuseen« oder auf Bildpostkarten geht.[8]

Die zentrale Fragestellung dieser Arbeit ist dabei, in welcher Art und Weise Kolonialismus im Baakenhafen während des deutschen Kolonialkrieges in DSWA inszeniert wurde? Dafür sollen zunächst die Ereignisse im Baakenhafen dargestellt und auf ihren Inszenierungscharakter hin untersucht werden. Im Verlauf der Darstellungen soll versucht werden, mögliche beteiligte Akteur*innen – wie zuständige Militärbehörden, der Senat der Stadt Hamburg, die Reedereien, die Soldaten und deren Angehörige sowie die Bevölkerung der Stadt Hamburg – zu identifizieren und deren jeweilige Rollen bei den Ereignissen in die Reflexionen einzubeziehen. Ich verstehe diese Überlegungen dabei als ein Teilstück der übergeordneten Frage, welche Rolle Kolonialismus in Hamburg während der aktiven Kolonialpolitik des Deutschen Kaiserreichs spielte.

Da eine Untersuchung über den gesamten Zeitraum der aktiven Kolonialpolitik – 1884 bis 1914/16 – den Rahmen dieser Arbeit überschreiten würde, musste das Thema zeitlich eingegrenzt werden. Aus dem oben erwähnten Zeitungsartikel von 1896 wird ebenfalls deut-

8 Die Begriffsbedeutung werde ich noch ausführlicher im Methodenteil (Unterkapitel 1.3) erläutern. Generell hierzu: Osterhammel/Jansen 2012, S. 123–126.

lich, dass mindestens ab diesem Zeitpunkt Transporte aus Hamburg abgingen, wenn auch noch ohne Feierlichkeiten. Erste Vorrecherchen hatten zusätzlich ergeben, dass mindestens ab 1900, während des Kolonialkriegs in China, in Hamburg Feiern für die Soldaten abgehalten wurden, die zur Ausschiffung nach Bremerhaven und Wilhelmshaven reisten.[9] Die Truppen passierten Hamburg mit dem Zug und im Hannoverschen Bahnhof – der in der Nähe des Baakenhafens lag – wurde eine Feier mit Begrüßung und Bewirtung der Truppen im Auftrag des Senats abgehalten.[10] Zusätzlich habe ich im Zuge dieser Vorrecherchen für das Jahr 1903 mehrere Verabschiedungen und Empfänge von Ersatztruppen für den Einsatz in China gefunden, die am Petersenkai stattgefunden haben.[11]

Diese ersten Ergebnisse und Überlegungen machten die Notwendigkeit der räumlichen und zeitlichen Beschränkung des Themas innerhalb dieser Arbeit noch einmal deutlich. Aus verschiedener Fachliteratur zum Kolonialkrieg in DSWA wurde deutlich, dass 14 000–15 000 Soldaten und mehr als 11 000 Pferde aus dem Kaiserreich in diesen Krieg transportiert wurden, die Hamburger Reederei Woermann ein »faktisches Monopol« auf diese Transporte hatte[12] und daher »die Soldaten in der Regel von Hamburg oder Cuxhaven aus« nach Afrika abreisten.[13] Des Weiteren konnte der Rahmen auf den Baakenhafen und im Besonderen auf den Petersenkai beschränkt werden, da dies laut Fachliteratur »der Liegeplatz für die Schiffe der Woermann-Linie und der Deutschen Ostafrika-Linie [war].«[14] Aufgrund dieser Recherchen ist der Untersuchungsrahmen dieser Arbeit zeitlich auf den Kolonialkrieg in DSWA beschränkt und bezieht sich hier hauptsächlich auf den Zeitraum Januar 1904 bis Mai 1907, was prinzipiell der von der deutschen Seite als Kriegszustand definierten Dauer des Kriegs entspricht.[15] Die räumliche Beschränkung auf den Baakenhafen war nicht nur aufgrund des Firmenstandorts der Woermann-Linie sinnvoll, sondern ebenfalls für die Fokussierung der Analyse auf einen klaren Gegenstand hilfreich. Dieser Vorteil wird aus meiner Sicht besonders im zweiten Kapi-

9 StArch HH: 111-1_46618.
10 Ebd.
11 StArch HH: 111-1_46626.
12 Möhle² 1999, S. 66f; Bley 1968, S. 191.
13 Kuß 2010, S. 226.
14 Möhle¹ 1999, S. 33f.
15 Kuß 2010, S. 78.

tel deutlich, wenn bei der historischen Betrachtung des Baakenhafens die Rolle des Raumes betont werden kann.

Am 27. Januar 2017 hat der Vorstand der »Association of the Ovaherero Genocide in the United States of America« (AOG) – eine Interessensgruppe, die Interessen von direkten Nachfahren der Opfer des Genozids in DSWA vertritt – einen offenen Brief an die Stadt Hamburg und alle Bewohner*innen der Stadt geschickt.[16] In diesem Brief wird unter anderem eine kritische Auseinandersetzung vonseiten der politischen Vertreter*innen sowie den Bewohner*innen mit der Rolle Hamburgs im Genozid gefordert, als die Stadt von der aus die Truppen und Lothar von Trotha in den Krieg ausgereist sind.[17]

Zusätzlich hat der Senat der Stadt Hamburg selber bereits am 8. Juli 2014 eine Aufarbeitung des kolonialen Erbes von Hamburg in Form der Erarbeitung eines hamburgweiten postkolonialen Erinnerungskonzepts beschlossen und dafür nötige Schritte und Ziele vorgegeben.[18] In der offiziellen Pressemitteilung dazu benennt die damalige Kultursenatorin der Stadt Hamburg Barbara Kisseler klar die Motivation hinter diesem Beschluss: »Als Hafen- und Handelsmetropole hat Hamburg eine besondere Verpflichtung und ein besonderes Interesse, das koloniale Erbe aufzuarbeiten.«[19]

Mit diesen beiden Beispielen möchte ich verdeutlichen, dass ich diese Arbeit als einen Beitrag zu diesen Auseinandersetzungen mit der kolonialen Geschichte Hamburgs verstehe. Die Forderung der AOG steht dabei exemplarisch für viele Interessensgruppen, politische Aktivist*innen sowie Forscher*innen, die sich seit vielen Jahren mit der Kolonialgeschichte Hamburgs kritisch beschäftigen.

Das Thema gewinnt zusätzlich an Aktualität, da der Baakenhafen und der Petersenkai heute Teil der HafenCity und somit in tiefgreifende Umgestaltungen bei einem der größten Stadtentwicklungsprojekte Europas eingebunden sind. Dabei ist nahezu die komplette Bebauung am Hafenbecken entfernt worden und erste Gebäude der neugeplanten

[16] Association of the Ovaherero Genocide in the United States of America: Open letter to the city of Hamburg and the people of Hamburg, 27.01.2017. http://www.hamburg-postkolonial.de/PDF/OGAOpenLetter.pdf (eingesehen am 26.03.2017).

[17] Ebd.

[18] Bürgerschaft der Freien und Hansestadt Hamburg 2014.

[19] Pressemitteilung des Senats der Stadt Hamburg vom 08.07.2014. http://www.hamburg.de/pressearchiv-fhh/nofl/4328702/koloniales-erbe (eingesehen am 26.03.2017).

»durchgehend 6- bis 7-geschossigen Bebauung« werden mittlerweile gebaut.[20] Im Zuge dieser Umbaumaßnahmen steht zu befürchten, dass die koloniale Geschichte des Ortes weiter in Vergessenheit gerät. Bereits heute ist der Baakenhafen als ein zentraler Ort der Kolonialgeschichte Hamburgs im öffentlichen Gedächtnis oder Bewusstsein nicht vorhanden. In den offiziellen historischen Auseinandersetzungen zur HafenCity und den Erinnerungskonzepten tauchen zwar an wenigen Stellen die Verbindungen zum Kolonialhandel auf, die Verbindungen zu den deutschen Kolonialkriegen wird allerdings nicht erwähnt oder berücksichtigt.[21] Wie Tania Mancheno deutlich macht, wurde in der bisherigen Gestaltung und Benennung von Straßen und Plätzen in der Hafencity an vielen Stellen auf eine eurozentristische und über Jahrhunderte tradierte affimierende Sichtweise auf die Geschichte der europäischen Expansion zurückgegriffen:

> *»Neben der Ceylonstraße und der Coffee-Plaza haben erneut Kolumbus und Amerigo Vespucci einen Platz im neuen Stadtbild bekommen. Magellan und da Gama werden mit Statuen aus dem 19. Jh. Geehrt, und zweiterer wird zudem Namensgeber für einen eigenen Platz.«*[22]

Diese Entwicklungen scheinen mir grundsätzlich im Widerspruch zu den Forderungen der Interessengruppen und den Zielsetzungen des Senatsbeschlusses vom Juli 2014 zu stehen.

1.2 Forschungsstand

Das Thema »Inszenierungen bei Truppentransporten im Kontext von deutschen Kolonialkriegen« ist in der deutschsprachigen Geschichtsforschung zu kolonialer Gewalt bisher nur wenig erforscht. Es taucht zwar gelegentlich als Teilaspekt in verschiedenen Arbeiten auf, bleibt dabei aber eher ein Randthema und wurde bisher noch nicht systematisch in einer Studie erforscht. Die Forschungen zum Kolonialkrieg in DSWA bilden für dieses Thema die grundlegenden Anschlusspunkte,

[20] Hafen City Hamburg GmbH 2011, S. 20.

[21] Vgl. hierzu: Kähler 2001; Kähler/Schürmann 2010; Gesellschaft für Hafen- und Standortentwicklung mbH 2000; Hafen City Hamburg GmbH 2011.

[22] Mancheno, Tania: All change, please! Über die Un-/Möglichkeiten der Dekolonialisierung des öffentlichen Raumes in Hamburg, in: ZAG. Antirassistische Zeitschrift, Ausgabe 70, Berlin 2015, S. 25–27.

da die Truppentransporte als ein Teil dieses Krieges zu betrachten sind. Diese Forschungen haben sich in den letzten Jahren vor allem mit Fragen der »Kontinuität zwischen Kolonialismus und Nationalsozialismus« sowie der »Charakterisierung des Krieges als Genozid« beschäftigt[23] und weniger mit der Frage der Wahrnehmung oder Inszenierung des Krieges im Deutschen Kaiserreich.

Ein bekanntes Versatzstück aus dem Thema der Truppentransporte in deutschen Kolonialkriegen ist die sogenannte »Hunnenrede«, die von Kaiser Wilhelm II. am 27. Juli 1900 in Bremerhaven zur Verabschiedung von Soldaten während des Kolonialkriegs in China gehalten wurde. Dieses Ereignis ist gut erforscht und wurde von Thoralf Klein als der wahrscheinlich bekannteste »unter den kolonialen Erinnerungsorten der Deutschen« beschrieben, der »heute zu Recht als herausragendes Beispiel für die Ignoranz und Brutalität imperialistischer Weltpolitik« gilt.[24] Auch die Wirkung der Rede zur damaligen Zeit,[25] wie auch die Bedeutung der Reden für die in den Krieg fahrenden Soldaten[26] und deren Motivation[27] wurden untersucht. Allerdings blieben diese aufschlussreichen Untersuchungen auf den thematischen Zusammenhang mit der einen Rede beschränkt und nehmen keine breitere Perspektive ein, in der Wirkung und Bedeutung bei Truppenverabschiedungen genereller betrachtet werden.

In Susanne Kuß' vergleichender Studie zu den verschiedenen Formen der kolonialen Gewalt in den deutschen Kolonialkriegen von 2010 behandelt sie in einem Unterabschnitt die Überfahrten zu den Kampfgebieten als »Initiationsreisen« für die Soldaten, während der sie körperlich und mental auf die Einsätze vorbereitet wurden.[28] Hierbei erwähnt sie, als einen Teil der Reisen, die Truppenverabschiedungen in Deutschland und beschreibt an kurzer Stelle, dass beim Kolonialkrieg in China die Verabschiedungen in Bremerhaven einen »volksfestähnlichen Charakter« annahmen.[29]

Auch in dem mittlerweile 20 Jahre alten, aber immer noch grund-

[23] Einen Überblick über die wissenschaftlichen Forschungen und Diskussionen der letzten Jahre zum Kolonialkrieg in DSWA bieten: Zimmerer/Zeller 2016, S. 263f., sowie allgemeiner zu deutschen Kolonialkriegen: Kuß 2010, S. 19–31.

[24] Klein 2013, S. 164–176.

[25] Sösemann 2007, S. 118–122.

[26] Wünsche 2007, S. 153–162.

[27] Kuß 2010, S. 212–220.

[28] Dies., S. 226–232; hier besonders: S. 230.

[29] Dies., 226.

legenden Sammelband von Heiko Möhle zur Kolonialgeschichte in Hamburg wird das Thema in einem Beitrag zu den Profiteuren der Kolonialkriege kurz angeschnitten.[30] Hier wird aber nicht explizit auf die Truppentransporte eingegangen, sondern nur wiedergegeben, dass die Woermann-Linie diese durchgeführt hat und grobe Kennzahlen zum Umfang der Transporte in den Krieg und Gewinn der Reederei genannt.[31] Zusätzlich ist in dem Beitrag ein Foto von jubelnden Soldaten an Deck der *Lucie Woermann* abgedruckt, aber das Foto wird weder mit irgendeinem Hafen oder Abschied in Verbindung gebracht, noch überhaupt im Text näher darauf eingegangen.[32]

Für den weiteren Kontext der Arbeit ist eine Studie über Kriegsberichterstatter in den Kolonialkriegen von Merle Zeigerer aus dem Jahr 2016 ertragreich.[33] Zeigerer arbeitet hierin die Rolle der Kriegsberichterstatter für die Darstellung der Kriege in der deutschen Presse sowie die Wahrnehmung der Kriege und der Gewalt in der Öffentlichkeit heraus. Dabei sind die generellen Darstellungen über die Medienberichterstattung zum Kolonialkrieg in DSWA,[34] sowie die generellen Überlegungen zu dem Verhältnis von Kolonialkriegen und medialer Öffentlichkeit[35] für diese Arbeit besonders relevant und stellen wichtige Anknüpfungspunkte dar.

Um die Stellung der Truppenverabschiedungen und -empfänge als öffentliche Feiern innerhalb Hamburgs besser zu verstehen, ist eine Studie von Tobias von Elsner aus dem Jahre 1991 zur öffentlichen Festkultur zwischen 1871 und 1914 in Hamburg hilfreich gewesen.[36] Tobias von Elsner untersucht, wie sich die Eingliederung Hamburgs in das neu entstandene Deutsche Kaiserreich anhand der Veränderungen in der öffentlichen Festkultur ablesen lässt.[37] Er legt dar, wie nationale Feiertage in Hamburg übernommen wurden und gleichzeitig nationale Symbolik immer präsenter bei Festen in Hamburg wurde. In diesen Annäherungen spiegelten sich laut Elsner gemeinsame Interessen des Hamburger Bürgertums und der Reichsregierung in Fragen der Großmachtstellung, Flottenaufrüstung und Kolonialpolitik wider. Auch

[30] Möhle[2] 1999, S. 63–68.
[31] Ders.[2], S. 66f.
[32] Ders., S. 64.
[33] Zeigerer 2016.
[34] Dies., S. 67–71.
[35] Dies., S. 11–46.
[36] Elsner 1991.
[37] Ders., S. 562.

wenn in dieser Studie die Truppenverabschiedungen und -empfänge im Baakenhafen nicht angesprochen werden, bilden die Überlegungen Elsners zur Festkultur und Stellung Hamburgs im Kaiserreich einen wichtigen Rahmen für das Verständnis der Ereignisse im Hamburger Hafen, die in dieser Arbeit im Fokus stehen sollen.

1.3 Methoden und Quellen

Quellen

Die Entwicklung der Fragestellung ging mit einer ersten Recherche nach Quellenmaterial im Staatsarchiv Hamburg einher. Im Zuge weiterer Recherchen haben sich für diese Arbeit drei Archivbestände als besonders ergiebig erwiesen. Dazu gehört zum einen der Bestand von Spezialakten der »Deputation für Handel, Schifffahrt und Gewerbe« sowie die Aktenbestände von zwei Senatsbehörden: der »Senatskommission für die Reichs- und auswärtigen Angelegenheiten« und der »Militärkommission des Senates«.

Die Deputation war die institutionelle Vorläuferin der heutigen »Behörde für Wirtschaft und Verkehr« und sie war zuständig für Bau, Betrieb und Verpachtung der Kaianlagen im Hamburger Hafen.[38] In dem Bestand waren Akten zum Bau und zur Verpachtung des Baakenhafens enthalten sowie Verträge und Korrespondenzen von dort ansässigen Reedereien mit Behörden des Senats von Hamburg und der Reichsregierung in Berlin. Dieses Quellenmaterial enthielt somit viele Informationen zu den Firmen im Baakenhafen und wie sich der Baakenhafen entwickelt hat.

Die Aufgaben der Senatskommission waren weit gefasst und betrafen alle Angelegenheiten der Stadt Hamburg mit dem Deutschen Kaiserreich, den anderen Bundesstaaten und auswärtigen Institutionen oder Ländern.[39] Die Militärkommission hat sich mit den Angelegenheiten verschiedener Militärbehörden und -institutionen innerhalb und außerhalb Hamburgs beschäftigt.[40] Die Bestände der beiden Kommissionen sind die für diese Arbeit zentralen Aktenbestände, da hier verschiedene Akten zu Truppenempfängen und -verabschiedungen in Hamburg im Zusammenhang mit Kolonialkriegen zu finden sind. In

[38] Gabrielsson 1999, S. 201.
[39] Lorenzen-Schmidt[1] 1999, S. 48f.
[40] Lorenzen-Schmidt[2] 1999, S. 139.

den Akten ist die Kommunikation von verschiedenen Hamburger Behörden mit den entsprechend zuständigen Militär- und Kolonialbehörden auf Reichsebene in Bezug auf diese Truppentransporte enthalten. Darüber hinaus existieren weitere Akten zu den Kolonialkriegen, in denen viele Informationen thematisch gebündelt und gesammelt wurden. Die Themen betrafen neben den Truppentransporten, die Transporte von Leichen und Leichenfeiern, die Empfänge für Generäle, die Anmietung von Gebäuden sowie verschiedene relevante Gesetzestexte. Aus diesem Quellenmaterial habe ich viele Ereignisse, Daten und Akteure gewonnen, mit dem sich ein erster Überblick über die Inszenierungen ergab und von dem aus ich die Recherchen fortgeführt habe.

Weitere wichtige Quellenmaterialien waren sogenannte »Sanitätsberichte« zu den drei Kolonialkriegen in China, DSWA und Deutsch-Ostafrika (DOA). Diese Berichte sind eine nachträgliche Evaluation über die medizinische Versorgung und Situation der jeweils im Einsatz gewesenen Truppen, in denen die zuständigen Abteilungen der kommandierenden Behörden Daten zu medizinischer Ausrüstung, Krankheiten, Todesfällen und Unterbringung vor Ort ausgewertet haben. Für den Kolonialkrieg in China erschien 1904 ein Bericht der Medizinal-Abteilung des preußischen Kriegsministeriums für den Zeitraum 1900 bis 1902.[41] Der zweite Bericht erschien 1908 von der Medizinal-Abteilung des Reichsmarineamts für die Marine-Expeditionskorps in DSWA und DOA für den Zeitraum 1904 bis 1906.[42] Der dritte und letzte in dieser Arbeit verwendete Sanitätsbericht erschien 1909 vom Kommando der Schutztruppen im Reichskolonialamt und behandelt die Kaiserliche Schutztruppe in Südwestafrika von 1904 bis 1907.[43] Dieser Bericht war der für diese Arbeit relevanteste, wobei die anderen hilfreich waren beim Verständnis der Besonderheiten in Bezug auf den Einsatz in DSWA.

Neben diesem offiziellen staatlichen Bericht gab es zu dem Kolonialkrieg in DSWA auch eine Broschüre der Woermann-Linie, in der der Vorstand im Oktober 1906 Vorwürfen über erhöhte Tarife bei den Truppentransporten begegnete.[44] Diese Broschüre enthielt neben vielen ergänzenden Informationen zu den Truppentransporten eine Auflis-

41 Königlich Preussisches Kriegsministerium 1904.
42 Medizinal-Abteilung des Reichs-Marine-Amts 1908.
43 Kommando der Schutztruppen im Reichs-Kolonialamt 1909.
44 O.N. 1906, S. 51.

tung der Pferdetransporte nach DSWA aus Hamburg mit Abfahrtsdatum und Anzahl der Pferde, die für diese Arbeit hilfreich war.

In dem bisher genannten Quellenmaterial waren vor allem Informationen über die Rahmenbedingungen der Transporte enthalten, wie beteiligte Personen und Institutionen sowie Anzahl und Umfang der Transporte. Um einen besseren Eindruck vom Ablauf der Ereignisse im Baakenhafen zu erlangen, wurden zusätzlich verschiedene lokale Tageszeitungen aus Hamburg und Altona ausgewertet, in denen über die Transporte berichtet wurde. In dieser Arbeit wurden dafür fünf Zeitungen ausgewählt, die als Digitalisate über die Staats- und Universitätsbibliothek der Universität Hamburg gut zugänglich waren. Fehlende Ausgaben und Jahrgänge konnten über den Mikrofichebestand des Staatsarchivs Hamburg erschlossen werden. Im folgenden Abschnitt zur Methode werde ich genauer auf diese Zeitungen eingehen.

Weitere wichtige Quellen zu den Abläufen der Ereignisse sind verschiedene Fotografien aus dem Bundesarchiv in Koblenz. Dort gibt es verschiedene Fotografien zu Truppenverabschiedungen und -empfängen in Hamburg, mit denen die vorher gewonnenen Erkenntnisse durch visuelle Eindrücke erweitert werden konnten. Diese Fotos kommen aus Beständen des Fotografen Franz Spenker, der Fotoagentur Scherl aus Hamburg sowie aus dem Bestand des Kommandeurs der Schutztruppen in DSWA Victor Franke. Diese Fotos wurden allerdings nicht systematisch analysiert, sondern dienen vor allem dazu, die Stimmung am Baakenhafen während der Transporte besser darstellen zu können.

Methode

Alle drei Sanitätsberichte haben ihren Schwerpunkt auf medizinischen Aspekten, behandeln aber in unterschiedlichem Ausmaß auch die Transporte der Truppen in die jeweiligen Kriegsgebiete, was der entscheidende Punkt für diese Arbeit ist. In dem Bericht zum Kolonialkrieg in DSWA von 1909 sind mehrere Tabellen zum Transport der Truppen in die Kolonie,[45] sowie über die Rücktransporte nach Deutschland[46] enthalten. Diese Tabellen sind weitere zentrale Quellendokumente dieser Arbeit, da diese eine Auflistung der Truppentransporte vom Januar 1904 bis zum April 1907 enthalten und für jeden Transport Datum, Schiffsname und Truppenstärke angeben. Allerdings enthalten diese Berichte keine genaueren Auskünfte über den Ort der Aus- bezie-

[45] Kommando der Schutztruppen im Reichskolonialamt 1909, S. 169f.

[46] Dies., S. 242.

hungsweise Einschiffung im Kaiserreich, sodass diese Informationen recherchiert werden mussten. In der Einleitung des Berichts wird lediglich erwähnt, dass bis auf einen Transport im Januar 1904 alle weiteren Transporte aus Hamburg oder Cuxhaven abgingen.[47] Die Informationen über den Ablauf der Aus- bzw. Einschiffung sind in den Berichten eher allgemein gehalten und geben nur wenig detaillierte Auskünfte. In dem Sanitätsbericht von 1909 werden 39 Abfahrten von insgesamt 47 Schiffen aus dem Kaiserreich genannt, mit denen insgesamt 17 856 Soldaten und 323 Militärpersonen der Schutztruppe[48] sowie 730 Sanitätsoffiziere[49] befördert wurden. Zusätzlich werden 48 Rücktransporte genannt, bei denen 10 676 Soldaten befördert wurden.[50] Die Diskrepanz zwischen den Transportzahlen hatte vor allem zwei Gründe: Zunächst wurde die Statistik für die Rücktransporte erst ab einer Stärke von 20 Soldaten geführt[51] und Transporte in geringerer Zahl wurden nicht mitgezählt. Zweitens endet die Statistik mit einem Transport, der am 18. März 1907 aus DSWA abging. Zu diesem Zeitpunkt befanden sich laut des Sanitätsberichts noch 9 160 Soldaten in DSWA,[52] deren Transport oder Verbleib in der Statistik nicht berücksichtigt wurde.

In der Broschüre der Woermann-Linie von 1906 ist eine Tabelle über die Pferdetransporte nach DSWA enthalten, die für diese Arbeit wichtig ist, da Soldaten und Pferde meistens auf den gleichen Schiffen transportiert wurden. In dieser Tabelle sind die insgesamt 21 Pferdetransporte aus dem Zeitraum vom 30. März 1904 bis 30. Juli 1906 aufgelistet, bei denen insgesamt 11 065 Pferde aus Hamburg transportiert wurden.[53] Wenn die Tabellen des Sanitätsberichts und der Broschüre zusammengeführt werden, ergeben sich folgende Gesamtzahlen für Transporte zwischen dem Deutschen Kaiserreich und DSWA: 42 Transporte nach DSWA und 48 Rücktransporte. Auch wenn in diesen Quellen nicht alle Transporte in Verbindung mit dem Kolonialkrieg in DSWA enthalten sind, wird hier schon erkennbar, dass im Zeitraum von Januar 1904 bis Mai 1907 im Schnitt zwei Transporte pro Monat stattfanden, die nach DSWA abgingen oder von dort zurückkamen.

Die aus den Akten und den Sanitätsberichten recherchierten Daten

[47] Dies., S. 4.
[48] Dies., S. 2.
[49] Dies., S. 169f.
[50] Dies., S. 242.
[51] Ebd.
[52] Dies., S. 2.
[53] o. N. 1906, Anlage 2.

und Informationen wurden im nächsten Schritt mit zeitgenössischen Tageszeitungen abgeglichen. Dadurch sollten detailliertere Informationen zu den Transporten erhalten und nachvollzogen werden, welche Schiffe aus Hamburg und im Speziellen vom Baakenhafen abgefahren sind und welche Schiffe dort angekommen sind. Die Zeitungen boten sich als weiteres Quellenmaterial an, da den Akten aus dem Staatsarchiv Hamburg an verschiedenen Stellen Artikel aus unterschiedlichen Hamburger Tageszeitungen beigefügt waren und diese viele gebündelte Informationen enthielten.

Zeitungen waren zu Beginn des 20. Jahrhunderts das vorherrschende Medium, mit dem sich auf breiter gesellschaftlicher Ebene informiert wurde. Um die Jahrhundertwende war im Deutschen Kaiserreich ein Zeitungsboom entstanden und die Anzahl der Zeitungen von 3405 im Jahr 1897 auf 4183 für 1906 angestiegen.[54] Zusätzlich war, durch technische Fortschritte bei den Druckverfahren und weiteren Einnahmen der Verlage aus dem mittlerweile etablierten Anzeigengeschäft, der Preis pro Ausgabe auf durchschnittlich 2 Pfennige gefallen, wodurch sich auch ärmere Gesellschaftsschichten sich Zeitungen leisten konnten.[55] Diese generellen Überlegungen über die Verbreitung von Tageszeitungen zu Beginn des 20. Jahrhunderts legen es nahe, Hamburger Tageszeitungen als weiteres Quellenmaterial in dieser Arbeit heranzuziehen.

Als ersten Schritt wurde von mir eine chronologische Liste mit allen Daten von Transporten aus den Sanitätsberichten und den Akten aus dem Staatsarchiv erstellt. Für jedes Datum habe ich dann nach Meldungen in den Hamburger Zeitungen recherchiert und diese Informationen zusammengetragen. Die Ergebnisse dieser Recherche werden im Hauptteil dieser Arbeit präsentiert: zunächst allgemeiner im einleitenden Teil (Kapitel 3) mit Gesamtzahlen zu den Transporten in Hamburg und dann detaillierter in den jeweiligen Unterkapiteln (Kapitel 3.1.1–3.1.4).

Insgesamt habe ich in dieser Arbeit fünf Hamburger Tageszeitungen ausgewertet, wobei der Hamburgische Correspondent im Mittelpunkt stand und eine Art Fixpunkt bildete. Über den Correspondenten wurde für jedes Ereignis geprüft, ob es in Hamburg stattfand oder nicht. Die anderen Zeitungen wurden verwendet, wenn es im Correspondenten keinen Treffer gab oder ich für ausgewählte Ereignisse eine breitere Informationsbasis benötigte. Der Hamburgische Correspon-

54 Dussel 2004, S. 89.
55 Ders., S. 86.

dent wurde hierfür gewählt, weil er von 1731 bis 1934 erschien[56] und über die Universitäts- und Staatsbibliothek Hamburg sowie das Staatsarchiv Hamburg alle Jahrgänge komplett zugänglich waren. Daher war zu vermuten, dass sich hier über den gesamten Betrachtungszeitraum konstante Rechercheergebnisse erzielen lassen würden. Der Correspondent erschien täglich als Morgen- und Abendausgabe und war am Ende des 18. Jahrhunderts eine der beliebtesten und verbreitetsten Zeitungen Europas, dessen Auflage und Akzeptanz bis zu seinem Ende 1934 allerdings nachließ.[57] Die Auflage war in den 1870er-Jahren auf circa 6000 Exemplare gesunken, stieg im Zuge des Zeitungsbooms aber wieder, da der Correspondent weiterhin als eine gute und sorgfältige Zeitung galt, die viel gelesen wurde.[58]

Die Zahlen zur Auflagenhöhe sind für den hier relevanten Zeitraum noch sehr lückenhaft und prinzipiell kritisch zu betrachten, da die Auskünfte der Zeitungen freiwillig waren und ein beschönigender Werbezweck nicht ausgeschlossen werden kann.[59] Trotzdem sollen die Zahlen als eine ungefähre Orientierung bei den Zeitungen dienen. Die weiteren in dieser Arbeit genutzten Zeitungen waren: Die seit 1896 erscheinende Neue Hamburger Zeitung, die sich selber als liberale Zeitung bezeichnete[60] und für das Jahr 1904 eine Auflage von 37000–40000 Exemplaren hatte.[61] Als Zweites der General-Anzeiger für Hamburg-Altona, der mit 110000–115000 Abonnenten im Jahr 1909 eine der größten Zeitungen in Hamburg und auch unter Arbeiter*innen mit geringerem Einkommen verbreitet war.[62] Eine weitere Zeitung waren die dreimal täglich erscheinenden Hamburger Nachrichten, die laut eigener Aussage auf einem rechts-nationalliberalen Standpunkt stand und die eine Fortsetzung der Politik Bismarcks unterstützte.[63] Bismarck hatte sich nach dem Ende seiner Kanzlerschaft oft und ausführlich in der Zeitung geäußert, was ihr immer wieder zur Auflagensteigerungen verhalf und für das Jahr 1913 20000 Abonnent*innen brachte.[64] Letzte hier benutzte Zeitung waren die Altonaer Nachrichten, aus dem damals lan-

56 Tolkemitt 1995, S. 10f.
57 Ebd.
58 Baasch 1930, S. 106.
59 Dussel 2004, S. 89.
60 Baasch 1930, S. 127.
61 Ders., S. 133.
62 Ders., S. 145.
63 Ders., S. 124.
64 Ders., S. 133.

desrechtlich nicht zu Hamburg gehörenden Altona, die aber auch über Hamburger Themen berichteten. Zu den Altonaer Nachrichten liegen mir leider keine Auflagenzahlen vor. Interessant war die Zeitung, da aufgrund der unterschiedlichen Verwaltung des preußischen Militärs von der Landesteilung im Kaiserreich die zuständige lokale Militärkommandantur für die Transporte in Altona und nicht in Hamburg war.[65]

Inszenierungen / Rituale

Diese Arbeit hat nicht nur einen deskriptiven Teil, in dem die Ereignisse mit Daten und Fakten im Baakenhafen erarbeitet und wiedergegeben werden sollen. Mit der Verwendung der Fotos und der Tageszeitungen soll versucht werden, Eindrücke von den Stimmungen bei den Ereignissen zu gewinnen, die für das Verständnis der Wirkung der Ereignisse wichtig sind. Wie im Titel der Arbeit schon anklingt, sollen diese Ereignisse als Inszenierungen verstanden werden, die Teil eines Diskurses über Kolonialismus in den Gesellschaften der Kolonisatoren waren, durch den eine koloniale Ordnung und koloniales Wissen in diesen Gesellschaften hergestellt und legitimiert wurde. Diese Überlegungen beziehen sich auf eine grundlegende Feststellung über die Beziehungen zwischen Kolonisierten und Kolonisatoren aus den (post-)kolonialen Theorien: Über die »koloniale Begegnung« wurden die Geschichten und Selbstverständnisse der Gesellschaften der Kolonisatoren und der Kolonisierten miteinander verwoben und voneinander geprägt.[66]

Dabei ist die These in dieser Arbeit, dass die Inszenierungen im Baakenhafen ein Versatzstück einer größeren innerdeutschen Rechtfertigung für koloniale Gewalt und Zivilisierungsmission waren. Die Transporte im Hafen waren nicht einfach rein formale Akte der Transportlogistik, in denen Truppen in Einsatzgebiete und zurückgebracht wurden. Diese Ereignisse wurden durch verschiedene Akteure in einer Form inszeniert, die performative Effekte in Bezug auf das Selbstverständnis im Deutschen Kaiserreich als Großmacht mit Anspruch auf Kolonien herstellte. Im Verlauf dieser Arbeit soll versucht werden, diese These über die Effekte der Inszenierungen herauszuarbeiten.

Der Begriff der Inszenierung ist hierbei den Forschungen zur Kolonialkultur entlehnt. Dabei handelt es sich um Forschungen, die sich den

[65] Frobenius 1901, S. 136f.
[66] Vgl. hierzu generell: Conrad / Randeria 2013; hier besonders S. 59.

Rückwirkungen und Spuren in den Ländern und Gesellschaften der Kolonisatoren zuwenden.[67] Wie Osterhammel und Jansen ausführen, hat sich die Forschung zur Kolonialkultur mit vielen unterschiedlichen Formen des Ausdrucks von Kolonialbesitz und kolonialistischem Denken in der Hoch- und Populärkultur beschäftigt: von verschiedenen Medien, wie Literatur, Presse, Werbung, Malerei, Radio, Film, Fotografie, Postkarten und Briefmarken bis zu Theater, Kabarett, Architektur, Denkmäler, Zeremonien sowie Museen und Ausstellungen.[68] Gerade zu den Bereichen der Fotografie, der Postkarten und den Ausstellungen – hier besonders die sogenannten »Völkerschauen« – sind in den letzten Jahren interessante Studien entstanden, die in das Verständnis von der Inszenierung des Kolonialen in den Ländern der Kolonisatoren in diese Arbeit mit eingeflossen sind.[69]

Um diesen inszenierenden Aspekt herausarbeiten zu können, soll hier der kulturwissenschaftlich inspirierte Ansatz der historischen Ritualforschung benutzt werden. Als grundlegendes Verständnis, was ein Ritual ist und welche Wirkungen es haben kann, wird in dieser Arbeit ein Definitionsvorschlag von Barbara Stollberg-Rilinger aus ihrer Einführung zur historischen Ritualforschung verwendet:

> *»Als Ritual im engeren Sinne wird hier eine menschliche Handlungsabfolge bezeichnet, die durch Standardisierung der äußeren Form, Wiederholung, Aufführungscharakter, Performativität und Symbolizität gekennzeichnet ist und eine elementare sozial strukturbildende Wirkung besitzt. Hingegen wird von Ritualisierung im weiteren Sinne schon dann gesprochen, wenn sich ein bestimmtes Verhalten in seiner äußeren Form regelmäßig wiederholt.« (Stollberg-Rilinger 2013, S. 9.)*

[67] Osterhammel/Jansen 2012, S. 123.

[68] Ebd.

[69] Zu Fotografien: Masurczak, Pia Florence: Konsum der Andersartigkeit. Koloniale Fotografie schafft Wissen und Reklame, in: Hefte des Informationszentrums 3. Welt, iz3w, Ausgabe 343, Juli/August 2014, S. 33–35; Zeller, Joachim: Weiße Blicke – Schwarze Körper, Afrikaner im Spiegel westlicher Alltagskultur, Erfurt 2010. Zu Postkarten: Aster, Felix: Koloniales Spektakel in 9x14, Bildpostkarten im Deutschen Kaiserreich, Bielfeld 2014; Kusser, Astrid: Visueller Kolonialismus. Eigensinniges »Material«. Visuelle Präsentationen einer kolonialen Welt und ihre Ambivalenten Effekte, in: Zeller, Joachim: Kolonialismus hierzulande. Eine Spurensuche in Deutschland, Erfurt 2007. Zu Ausstellungen: Thode-Arora, Hilke: Hagenbeck. Tierpark und Völkerschau, in: Zimmerer, Jürgen [Hrsg.]: Kein Platz an der Sonne. Erinnerungsorte der deutschen Kolonialgeschichte, Frankfurt a. M. 2013, S. 244–256.

Die Inszenierungen im Baakenhafen waren etwas anderes als eine Krönungszeremonie oder die Inauguration eines Präsidenten. Dennoch lassen sich Ähnlichkeiten und Strukturhomologien bei den Inszenierungen im Baakenhafen feststellen, die eindeutig auf einen rituellen Charakter der Inszenierungen verweisen und diesen theoretischen und systematischen Ansatz als fruchtbar erscheinen lassen, um eben diese Strukturen aus dem Material herauszuarbeiten. Den ersten Aspekt – der Standardisierung und Wiederholung bei Ritualen – habe ich benutzt um aus dem Quellenmaterial auf einer groben Ebene unterschiedliche Typen der Inszenierung zu erkennen und hier untersuchen zu können. Dabei haben sich zunächst die beiden Grundformen von Verabschiedung und Empfang ergeben, von denen die Empfänge von Generälen und die Trauerfeiern als weitere Formen unterschieden wurden. Diese vier Typen sollen im Hauptteil der Arbeit (Kapitel 3) dargestellt und als eine Typologie der Inszenierungen zusammenfassend untersucht werden. Die anderen Aspekte sind an verschiedensten Stellen mit eingeflossen und kommen bei der Analyse der jeweiligen Typen sowie in den zusammenführenden Teilen in dieser Arbeit zum Tragen. Im Folgenden werde ich die Ausführungen von Stollberg-Rilinger zusammenfassen, um ein besseres Verständnis des Ansatzes zu ermöglichen und deutlich zu machen, welche Aspekte mir hier wichtig erschienen.

Mit diesem Ansatz sollen vor allem der Aufführungscharakter und die sozial strukturbildende Wirkung der Truppenabschiede und -empfänge deutlich gemacht werden. Der Aspekt des Aufführungscharakters von Ritualen verweist bei Stollberg-Rilinger auf die aus dem Alltag herausgehobene Stellung und die symbolische Rahmung von Ritualen.[70] Es geht dabei um »akustische und visuelle Zeichen des Anfangs und Endes«, die symbolische Markierung des Ortes, mögliche besondere Kleidung und Attribute der Akteure, bestimmte Sprachformeln und »besondere materielle Pracht sowie ästhetische Qualität gegenüber dem Alltag.«[71] Rituale sind stets symbolisch, weil sie über sich hinaus auf Gemeinschaften und Gesellschaften verweisen, die sie darstellen und bekräftigen, diese aber auch infrage stellen können: »[Rituale] symbolisieren die Einheit der jeweiligen Gemeinschaft, ihre Grenzen, ihre inneren Ordnungsprinzipien und leitenden Werte in verdichteter, vorwiegend nonverbaler Form.«[72] Die Performativität bedeutet, dass

[70] Stollberg-Rilinger 2013, S. 10.
[71] Ebd.
[72] Dies., S. 11.

mit Ritualen ein Handlungsakt vollzogen wird und etwas hergestellt wird. Es wird eine Veränderung in der sozialen Wirklichkeit bewirkt und bei den Beteiligten die Verpflichtung hervorgerufen, sich an das im Ritual symbolisch Hergestellte in Zukunft zu halten.[73] Ein Beispiel hierfür wäre eine Heirat, bei der ein Brautpaar als verheiratet erklärt wird und sie deshalb ihre ehelichen Pflichten zukünftig zu erfüllen haben. Aus diesem Aspekt der Performativität heraus haben Rituale eine sozial strukturbildende Wirkung. Sie ordnen einerseits den einzelnen Akt in ein kollektives, überindividuelles Strukturmuster ein und bestätigen dieses, während andererseits die einzelnen an dem Akt beteiligten Personen verändert werden.[74] Letzter hier dargestellter wichtiger Punkt aus Stollberg-Rilingers Einführung ist der äußerliche Vollzug des Rituals, über den die soziale Wirkung gerade erst hergestellt wird.[75] Es geht bei der sozialen Wirkung also nicht unbedingt um die jeweils eigene individuelle Einstellung und Denkweise, die eine gesellschaftliche Ordnung herstellt. Sondern gerade über die äußerlich sichtbare Form wird für alle Beteiligten die Wirkung hergestellt.

Bevor im übernächsten Teil (Kapitel 3) die verschiedenen Inszenierungstypen mit dem ritualtheoretischen Ansatz untersucht werden, stelle ich im folgenden Teil (Kapitel 2) den Baakenhafen als Ort der Inszenierungen in den Mittelpunkt. Dabei soll der geografische Ort in seinem Aufbau und seiner Lage innerhalb des Hafens beschrieben werden, um auf bestimmte technische und strukturelle Spezifika hinzuweisen, die für die Fragestellung in dieser Arbeit relevant sind. Der Baakenhafen soll aber nicht nur als materieller Raum betrachtet werden, sondern auch seine Bedeutung im Ensemble der verschiedenen Hafenanlagen in Hamburg miteinbezogen werden. Diese Bedeutung speist sich aus dem historischen Kontext seiner Entstehung und seiner Wahrnehmung durch die Bewohner*innen der Stadt.

Nachdem in den nächsten beiden Teilen die Rolle des Raumes und die Bedeutungen der einzelnen Inszenierungen untersucht wurden, folgt ein Teil (Kapitel 3.2), in dem die einzelnen Ergebnisse zusammengeführt und aus einer gemeinsamen Perspektive betrachtet werden. Ziel ist es, dabei Zusammenhänge zwischen den Inszenierungen und gemeinsame Bedeutungsperspektiven aufzuzeigen, um neben den Besonderheiten die Gemeinsamkeiten der Ereignisse herauszuarbeiten.

[73] Dies., S. 11f.
[74] Dies., S. 12f.
[75] Dies., S. 13.

Im letzten Teil der Arbeit (Kapitel 4) sollen zunächst die zentralen Erkenntnisse der Arbeit genannt und die in der Einleitung aufgestellte These überprüft werden. Abschließend sollen Anschlussmöglichkeiten für weitere Forschungen aufgezeigt werden, bevor die aktuelle Situation in Anbetracht der Erkenntnisse aus der Untersuchung erneut bewertet wird.

2 Kleine einführende Geschichte des Baakenhafens

»Hamburg an der Wende zum 20. Jahrhundert. Das ›Tor zur Welt‹ des Deutschen Reiches ist zum ersten Hafen- und Handelsplatz des Kontinents aufgestiegen, eine Boomtown im Zeichen des Überseehandels.«
Möhle 1999[1], S. 31.

»Tor nach Afrika: am Baakenhafen.«
Ders.[1], S. 33.

Der Baakenhafen ist im Zuge der grundlegenden Umgestaltungen und Modernisierungen des Hamburger Hafens im späten 19. Jahrhundert entstanden. Die Modernisierungen waren nötig geworden, um die enormen Umschlagsmengen des expandierenden Welthandels zu bewältigen und die daraus resultierenden Neuerungen des Verkehrs und der Logistik umzusetzen sowie nicht den Anschluss an andere Hafenstädte und Weltmärkte zu verlieren.[76] Dabei wurde in Hamburg in den 1860er-Jahren ein Hafenkonzept entwickelt, welches Hamburg zu einem der modernsten und schnellsten Häfen der damaligen Welt machte: Es wurden Hafenbecken angelegt, in denen die Schiffe direkt an der Kaimauer festmachten und ihre Waren direkt auf die Landseite entladen wurden.[77]

In einem ausführlichen Beitrag über den Hamburger Hafen, der spätestens 1914 verfasst wurde,[78] beschrieben der Wasserbaudirektor J. F. Bubendey und der Wasserbauinspektor C. Lorenz aus Hamburg die für das neue Konzept notwendig gewordenen Umbauten und Neuerungen und die dabei neu organisierten Arbeitsabläufe im Hafen. Laut diesem Bericht wurden damals die wenigsten Waren direkt vom Schiff per Eisenbahn weiter transportiert, sondern mussten erst nach Bestimmungsorten sortiert und gesammelt werden, was in den neu

[76] Kähler/Schürmann 2010, S. 35.
[77] Dies., S. 36.
[78] Das »Export-Handbuch«, in dem der Beitrag veröffentlicht wurde, war für den Zeitraum von 1912 bis 1914 gültig, ohne als Druckjahr ein genaues Jahr anzugeben. Vgl. hierzu: Hamburger Börsenhalle GmbH 1912/14.

entstandenen Kaischuppen direkt neben dem Kaiufer passierte.[79] Für das Verladen der Waren wurden erstmals mobile Ladekräne am Kaiufer installiert, die auf Gleisen entlang der Kaimauern verschoben werden konnten und zunächst noch mit Dampf, später aber mit Elektrizität betrieben wurden.[80] Die Kaischuppen waren zur Wasserseite hin offen, damit die Waren aus dem Schuppen in die Züge und Transportfahrzeuge verladen werden konnten, die zwischen Ladekränen und Kaischuppen direkt auf dem Kaiufer fuhren.[81] Dieses Konzept, bestehend aus den Hafenbecken und den Kaischuppen, blieb mit einigen Veränderungen bis zur Einführung des Containers in den 1960er-Jahren im Hamburger Hafen bestehen.[82]

Im Zuge des Anschlusses Hamburgs an das Zollgebiet des Deutschen Kaiserreichs im Jahr 1881, kam zusätzlich, zu diesen schon in den 1860er-Jahren begonnenen grundlegenden Umgestaltungen des Hafens, die Entstehung des Freihafengebiets hinzu, wodurch der Hafen weiter modernisiert und verändert wurde.[83] Durch diese Veränderungen war der damals noch im Bau befindliche Baakenhafen Teil des zukünftigen Freihafens geworden. Bei seiner Inbetriebnahme im Jahr 1887[84] konnten Waren dort zollfrei eingeführt, gelagert und weiterverarbeitet werden. Im ersten Jahr wurden dort Schiffe vermutlich nur festgemacht, da die ersten Kaischuppen im Baakenhafen am nördlichen Ufer – dem Versmannkai – 1888 in Betrieb genommen wurden.[85] Zur besseren Orientierung ist auf der folgenden Seite eine Karte des Baakenhafens von 1903 eingefügt, auf der die Lage sowie die fertige Bebauung des Hafenbeckens zu erkennen ist.

Der Baakenhafen wurde zwischen dem nördlich gelegenen Oberländer Kanal und der südlich gelegenen Norderelbe errichtet und breitete sich mit einer leichten Kurve von West nach Ost über ungefähr 1,1 Kilometer aus. Die ersten in Betrieb genommenen Schuppen im Baakenhafen waren die vier östlichen Schuppen des Versmannkais, die von 22 bis 25 nummeriert waren.[86] Die beiden westlich davon gelegenen Fruchtschuppen A und B wurden 1897 beziehungsweise 1899 in Betrieb ge-

[79] Bubendey / Lorenzen 1912 / 14, S. 7.
[80] Dies., S. 7ff.
[81] Dies., S. 9.
[82] Kähler / Schürmann 2010, S. 36.
[83] Dies., S. 47f.
[84] Bubendey / Lorenzen 1912 / 14, S. 28.
[85] Dies., S. 39.
[86] Ebd.

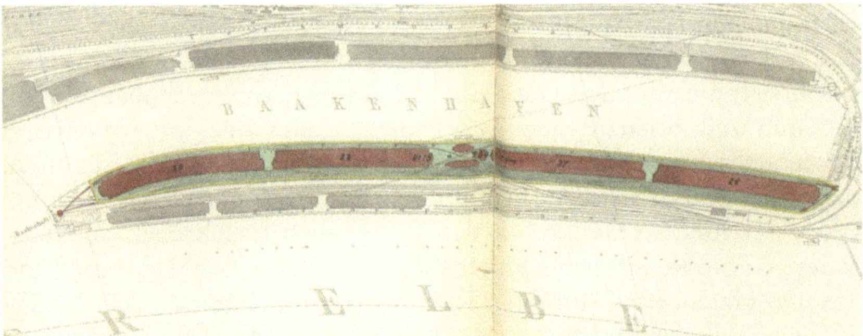

Karte des Baakenhafens vom 18.04.1903, die als Lageplan Teil des offiziellen Pachtvertrags war. Die von den Reedereien gepachteten Grundstücke und Gebäude sind nummeriert und farbig markiert.

(Quelle: StArch HH: 371-8 II_S VIII D 1.13.1. Band I)

nommen.[87] Das südliche Kaiufer des Hafenbeckens bildete den Petersenkai, an dem die vier Kaischuppen Nummer 26 bis 29 standen, die 1891 in Betrieb genommen wurden und eine Gesamtlänge von 1026 Meter hatten.[88] Ganz im Westen stand der Schuppen 29, gefolgt von Nummer 28 und 27, ganz im Osten des Petersenkais stand der Schuppen Nummer 26. In dem obigen Plan von 1903 sind dies die vier großen in Rot markierten Gebäude.

Das gesamte Hafenbecken wurde im Auftrag des Hamburger Senats gebaut und gehörte als öffentlicher Besitz der »Deputation für Handel, Schiffahrt und Gewerbe«, die den Versmannkai im »Staatskaibetrieb« selber betrieb,[89] während der Petersenkai als »Privatkaibetrieb«[90] an private Firmen verpachtet wurde. Der größte Unterschied war, dass im »Staatskaibetrieb« jedes Schiff anlegen durfte, in der Reihenfolge wie sie im Hafen eintrafen, und kein Schiff bevorzugt werden durfte, während im privaten Betrieb nur die Schiffe der Pachtinhaber anlegen durften, dafür aber darüber entschieden werden konnte, welches Schiff zuerst gelöscht wurde.[91] Es gab somit eine Zweiteilung des Hafenbeckens, bei der am nördlichen Ufer immer die Schiffe unterschiedlicher Reedereien festmachten, während sich am südlichen Ufer bestimmte Reedereien für längere Zeit festsetzten.

87 Ebd.
88 Ebd.
89 Dies., S. 73.
90 Dies., S. 75.
91 Dies., S. 76.

Der Petersenkai wurde bis Ende 1903 komplett an die Reederei »Hamburg-Amerika Linie« vermietet, die aufgrund von Platzmangel in den nach ihren Wünschen gestalteten Kaiser-Wilhelm-Hafen auf Kuhwerder umgezogen ist.[92] Zum 01. Januar 1904 wurde auf die Dauer von zehn Jahren ein Mietvertrag zwischen der Finanzdeputation Hamburg und den drei Reedereien Woermann-Linie, Deutsche Ostafrika-Linie und Deutsche Levante-Linie geschlossen, mit dem alle vier Schuppen inklusive Kaiufer angemietet wurden, sowie einige Betriebshäuser am Ostufer des Hafenbeckens, in denen Werkstätten, Lagerräume für Schiffsbedarf und Wohnräume für Angestellte untergebracht waren.[93] Im September 1910 ist die Deutsche Levante-Linie aus dem Schuppen 29 an den Amerikakai am linken Elbufer umgezogen, da die Woermann-Linie den Platz am Petersenkai benötigte, und blieb dort mindestens bis Ende 1928 ansässig.[94] Die Woermann-Linie und die Deutsche Ostafrika-Linie blieben bis in die frühen 1940er-Jahre in den Schuppen am Petersenkai,[95] bis diese zum größten Teil im Zweiten Weltkrieg zerstört wurden.[96] Bereits 1941 ist die Deutsche Ostafrika-Linie von dem Reeder John T. Essberger übernommen worden. In den 1950er-Jahren gingen die Woermann-Linie und die Deutsche Ostafrika-Linie schließlich in den »Deutsche[n] Afrika Linien« auf.[97] Am Baakenhafen ist das sogenannte »Afrika-Terminal« entstanden, an dem weiterhin Schiffe für den Überseehandel be- und entladen wurden, bis der Terminal 1999 für das HafenCity-Projekt als Hafenkaianlage aufgegeben wurde[98] und dort jetzt vor allem Wohn- und Bürohäuser errichtet werden sollen.

Im Mittelpunkt dieser Arbeit steht der Zeitraum ab 1904 bis 1907, in dem sich neue Firmen am Baakenhafen ansiedelten und sich durch den Kolonialkrieg in DSWA die Situation im Baakenhafen zusätzlich änderte. Bereits durch frühere Verträge mit der Kolonialabteilung des Auswärtigen Amtes aus dem Jahr 1900 hatte sich die Woermann-Linie ein de facto Transportmonopol für die Schiffsverbindung nach DSWA

[92] Dies., S. 19f.
[93] StArch HH: 371-8 II_S VIII D 1.13.1. Band I.
[94] StArch HH: 371-8 II_S VIII D 1.13.5. Band I.
[95] StArch HH: 371-8 II_S VIII D 1.13.1. Band III.
[96] Münch 1989, S. 59.
[97] Kähler/Schürmann 2010, S. 58.
[98] Ebd.

gesichert.[99] Im April 1903 wurde dieser Vertrag nachverhandelt[100] und am 01. Januar 1904 um weitere drei Jahre verlängert.[101] In diesem Vertrag hat sich die Woermann-Linie verpflichtet, eine monatliche Schiffsverbindung zwischen Hamburg – Swakopmund – Lüderitzbucht einzurichten, währenddessen sich die Kolonialabteilung dazu verpflichtete, alle Güter, Beamte, Soldaten oder Personen, die in ihrem Auftrage oder des Oberkommandos der Schutztruppen nach DSWA verschickt werden sollen, mit der Woermann-Linie zu festgesetzten Preisen transportieren zu lassen.[102]

Karl Brackmann gibt für das Jahr 1904, in seiner prinzipiell kritisch zu behandelnden Firmengeschichte der Woermann-Linie und der Deutschen Ostafrika-Linie von 1935, an, dass die Deutsche Ostafrika-Linie 21 Schiffe im Dienst hatte[103] und die Woermann-Linie 36 Schiffe, die auf acht verschiedenen Linien jeweils einmal pro Monat aus Hamburg nach Afrika abfuhren.[104] Zwei von diesen Linien der Woermann-Linie waren Passagier- und Postlinien, von denen eine nach Kamerun ging und eine nach DSWA, während die anderen sechs vorwiegend für den Güterverkehr gedacht waren und nur beschränkt Passagiere transportierten.[105] Im Jahr 1907 hatte die Woermann-Linie 48 Schiffe im Dienst und betrieb zwölf Linien, von denen fünf Passagierlinien waren. Die bis dato monatliche Abfahrt nach DSWA aus Hamburg fand jetzt zweimal im Monat auf derselben Linie statt.[106] Diese Vergrößerungen bei der Woermann-Linie sind in direkter Verbindung mit dem Kolonialkrieg in DSWA zu sehen, in dem die Woermann-Linie in enger Zusammenarbeit mit der Deutschen Ostafrika-Linie die Transporte der Truppen, des für den Krieg benötigten Materials und der Pferde aus dem Deutschen Kaiserreich durchgeführt hatte. In einer eigenen Darstellung der Woermann-Linie zu den Kriegstransporten aus dem Jahr 1906 sind elf Schiffe aufgelistet, die für die neuen Anforderungen

[99] StArch HH: 371-8 II_S XXI C 2.11.
[100] Ebd.
[101] O.N. 1906, S. 7.
[102] StArch HH: 371-8 II_S XXI C 2.11.
[103] Brackmann 1935, S. 47. Die Darstellungen sind vor allem durch ihre stark kolonialrevisionistischen Sichtweisen problematisch, die bei einer heutigen Verwendung kritisch reflektiert werden müssen. Viele der aus den Firmenarchiven verwendeten Kennzahlen sind aber heute noch relevant, da ein Großteil des Archivguts mittlerweile verloren gegangen oder zerstört ist.
[104] Ders., S. 74f.
[105] Ders., S. 75.
[106] Ders., S. 87.

dazu gekauft oder neu gebaut wurden.[107] Die ersten Jahre nach dem Umzug an den Petersenkai waren für die Woermann-Linie zunächst mit Wachstum verbunden. In den ersten zehn Jahren von 1904 bis 1914 wurden am Petersenkai insgesamt 3422 Schiffe gelöscht und beladen, sowie insgesamt 4,5 Millionen Tonnen Güter am Kai umgeschlagen.[108]

An der gleichen Stelle in der Eigendarstellung wird deutlich, dass es im Zuge des Krieges nicht nur wichtig war, mehr Schiffe in Dienst zu stellen, sondern welche Rolle die wenige Wochen zuvor übernommenen Kaianlagen im Baakenhafen dabei hatten. Laut der Woermann-Linie waren für die Transporte »sehr große Räume am Kai« nötig, es mussten Ladebrücken für die Pferde vor Ort sein sowie große Bestände an Betten, Proviant und Ausrüstungsmaterialien, um die kurzfristigen Transporte durchführen zu können.[109] Aufgrund der sich schnell ändernden Kriegslage musste teilweise im letzten Augenblick auf telegrafische Änderungen durch die oberste Kriegsleitung reagiert werden, wofür in dem Bericht als Beispiel ein kurzfristiger Transport von 40 000 Tonnen Proviant im Dezember 1904 angeführt wird.[110] Für diese Flexibilität war die konzentrierte Abwicklung an einer Kaianlage wichtig, um so die Verschiffungen an die Anforderungen der Militärbehörden anpassen zu können und das »Abnahmeverfahren von ganzen Schiffsladungen von Gütern durch wenige Beamte auf einem begrenzten und übersichtlichen Raume« zu ermöglichen.[111] Weiterer Vorteil der Konzentrierung war aus Sicht der Woermann-Linie die Erfahrung ihrer Mitarbeiter bei den Transporten im Baakenhafen, wodurch die Abfertigungen routiniert und zuverlässig durchgeführt werden konnten.[112] Diese logistische Leistung und Flexibilität der Woermann-Linie war also nicht nur durch das »Engagement« der Mitarbeiter möglich, sondern es war auch ein effektives Logistikzentrum auf dem aktuellen Stand der damaligen Technik nötig. Solch einen Ort hatte die Woermann-Linie am Petersenkai mit den anderen beiden Reedereien zusammen am 01. Januar 1904 angemietet und übernommen.

Was hier deutlich wird, ist zum einen, dass der Baakenhafen nicht irgendein Teil des Hafens war, an dem sich die Woermann-Linie angesiedelt hatte. Dieser Teil des Hamburger Hafens, zwischen den St. Pauli

[107] O. N. 1906, S. 9.
[108] Brackmann 1935, S. 47.
[109] O. N. 1906, S. 8.
[110] Ebd.
[111] Dies., S. 12.
[112] Ebd.

Landungsbrücken bis zu den Elbbrücken, war zu Beginn des 20. Jahrhunderts nach jahrzehntelangen Umstrukturierungen der modernste Teil des Hafens, welcher im Mittelpunkt des Interesses bei Kaufleuten, Reedereien und Hafenarbeitern stand.[113] Auch wenn der Baakenhafen architektonisch nicht mit der imposanten Speicherstadt mithalten konnte, hatte das Freihafengebiet eine Wirkung von Modernität und logistischer Leistungsfähigkeit. Zum anderen war das neue Hafenbecken ein Ort, an dem – wie am Ende der Eigendarstellung von 1906 nochmals betont wird – die Infrastruktur die transport-logistischen Möglichkeiten bot, um im Zusammenspiel mit dem reederischen Können und Know-how der Woermann-Linie einen »einfache[n] und von jeglichen Störungen freie[n] Verlauf des Verschiffungsgeschäftes in Hamburg« zu ermöglichen.[114] Hierbei wäre die Frage zu stellen, inwieweit die Aussage der Woermann-Linie wirklich zutrifft, dass die Situation einen wichtigen Vorteil für die Militärbehörden darstellte, oder ob die Durchführung und Organisation des Krieges für die Militärbehörden damit lediglich erleichtert wurden. Für die weiteren Betrachtungen der Inszenierungen bleibt auf jeden Fall wichtig zu bedenken, dass der Raum und der Ort auch eine Rolle bei den Militärtransporten für den Kolonialkrieg gespielt haben.

[113] Kähler/Schürmann 2010, S. 43.
[114] O. N. 1906, S. 12.

3 Koloniale Inszenierungen im Baakenhafen

Um zu ermitteln, welche Bedeutung bei den Truppentransporten dem Hamburger Hafen und der Stadt Hamburg zukommt, werde ich im Folgenden die allgemeinen Ergebnisse für Hamburg über die Auswertungen in den Tageszeitungen spezifizieren. Insgesamt konnte ich aus den verschiedenen Berichten, der Broschüre der Woermann-Linie und bei den Zeitungsauswertungen 43 Transporte aus dem Kaiserreich nach DSWA während des Kolonialkriegs finden, bei denen 19 568 Militärangehörige und 11 065 Pferde transportiert wurden. Die Zusammenführung dieser Gesamtzahl von Transporten mit den Zeitungsauswertungen ergab, dass von diesen 43 Transporten 39 Transporte aus dem Baakenhafen im Zeitraum vom Januar 1904 bis Mai 1906 abgefahren sind und dabei mindestens 18 154 Soldaten der Schutztruppe sowie 718 Sanitätsoffiziere aus Hamburg transportiert wurden.[115]

Für die Rücktransporte aus dem Kolonialkrieg in DSWA ergab die Recherche insgesamt 53 Transporte von August 1904 bis Mai 1907, bei denen 10684 Militärangehörige befördert wurden. Von diesen kamen zwei in Wilhelmshaven mit insgesamt 79 Militärangehörigen an, 12 Transporte in Cuxhaven, die 5227 Militärangehörige transportierten, 34 Transporte in Hamburg bei denen 4273 Militärangehörige transportiert wurden und zu fünf Transporten mit mindestens 1097 Militärangehörigen konnte ich keine weiteren Informationen finden. Insgesamt ergeben sich somit für den Petersenkai in Hamburg eine Mindestanzahl von 73 Transporten mit 23 145 Militärangehörigen und 11 065 Pferden im Zeitraum vom 30. Januar 1904 bis zum 02. Mai 1907, was ungefähr einen Transport alle zwei Wochen für diesen Zeitraum ergibt, der entweder am Petersenkai ankam oder von dort abfuhr.

Diese Daten sind, wie weiter oben schon beschrieben, sicherlich nicht erschöpfend, aber es zeigt sich hier schon, welche Rolle die Stadt Hamburg und der Hamburger Hafen gerade in Bezug auf den Transport der Soldaten der Schutztruppe zum Kriegsplatz in der Kolonie spielten: Fast alle Transporte gingen aus Hamburg ab und lediglich

[115] Teilweise konnte ich Abfahrten aus Hamburg recherchieren, zu denen keine Zahlen zur Transportgröße genannt wurden. Es ist also davon auszugehen, dass mehr Soldaten als die hier genannten transportiert wurden.

drei Transporte mit mindestens 373 Schutztruppensoldaten gingen aus Cuxhaven und Wilhelmshaven ab. Bei dem Rücktransport der Soldaten ändert sich das Bild etwas: Hier ist der Baakenhafen in Hamburg nicht eindeutig der wichtigste Hafen, da ab September 1906 die Rücktransporte bis auf einen Fall in Cuxhaven ankamen. Von der Anzahl der zurückgebrachten Soldaten übertrifft Cuxhaven den Hamburger Hafen, allerdings sind in Hamburg ungefähr dreimal so viele Transporte angekommen. In Cuxhaven kamen vor allem große Transporte mit vielen Soldaten auf einmal an, während in Hamburg auch kleinteilige Transporte mit nur knapp 30 Soldaten ankamen. Cuxhaven gehörte aber bis 1937 zum Verwaltungsgebiet der Stadt Hamburg, da es Teil der Landherrenschaft Ritzebüttel war.[116] Dieses Gebiet an der Elbmündung mit den Inseln Schaarhörn und Neuwerk gehörte in unterschiedlichem Umfang seit dem 14. Jahrhundert zu Hamburg und war der Vorposten der Stadt an der Elbmündung.[117] Damit fielen auch die zwölf Rücktransporte nach Cuxhaven mit über 5000 Soldaten in den Zuständigkeitsbereich des Senats der Stadt Hamburg und von den von mir recherchierten insgesamt 10684 zurücktransportierten Soldaten sind 10605 im Hamburger Verwaltungsgebiet angekommen und im Namen des Senats begrüßt worden. Aufgrund der Fragestellung dieser Arbeit und der daraus resultierenden räumlichen Beschränkung auf den Baakenhafen als Betrachtungsraum, werden diese Transporte in dieser Arbeit nicht berücksichtigt und es muss hierzu auf weitere zukünftige Arbeiten verwiesen werden.

Um die Materialfülle in dieser Arbeit handhabbar zu machen, habe ich den Betrachtungsraum eingeschränkt und die Ereignisse nach wiederkehrenden Abläufen und Mustern unterteilt, um mit dem in der Einleitung erläuterten Ansatz aus der Ritualtheorie in einem ersten Schritt verschiedene Typen von Ritualen zu erkennen und diese gezielter untersuchen zu können. Dabei habe ich zunächst zwischen Abfahrt und Ankunft unterschieden und bei den Ankünften zusätzlich noch die Rückkehr der Oberkommandierenden von Trotha und Deimling berücksichtigt. Der vierte von mir ausgemachte Typ waren die sogenannten »Leichenfeiern« am Petersenkai, bei denen einzelnen verstorbenen Soldaten mit einer Trauerfeier gedacht wurde. Im Folgenden werden diese verschiedenen Typen exemplarisch an jeweils einem Ereignis vorgestellt und daran anschließend allgemeine Prozesse und

[116] Meyer 2010, S. 155f.
[117] Ebd.

Abläufe bei dem jeweiligen Typus beschrieben. Dabei soll in dem allgemeineren Teil mithilfe des ritualtheoretischen Ansatzes der jeweilige inszenierende Charakter des Typus herausgearbeitet werden und diese Einzelergebnisse in dem anschließenden Teil (Kapitel 3.2) zusammengeführt werden.

3.1 Typologie

3.1.1 Truppenverabschiedungen

»Da brüllt die Dampfsirene.

Die Zivilisten verlassen das Schiff. Die Gangways werden von den Kränen hochgezogen. Abschiedswinken hüben und drüben!

Die Musik spielt ›Deutschland, Deutschland über alles!‹ Und mit einem Mal fallen alle ein, die vielen Hundert, die im Kaischuppen stehen und Offiziere und Soldaten an Bord. Auf der Back, in der Mars stehen sie und schwenken die Hüte und Mützen. Die Offiziere grüßen vom Ruderhaus herab.

Gewaltig braust das Lied empor, während das Schiff langsam von der Kaimauer weggleitet. Ein donnerndes Hurra klingt herüber und hinüber, und nun stimmen sie an Bord ›Die Wacht am Rhein‹, das alte deutsche Trutzlied, an.«

Neue Hamburger Zeitung, Abendausgabe, Nr. 50, 30. Januar 1904, Beilage 1, S. 1.

Die Soldaten der Schutztruppe, die im Hamburger Hafen eingeschifft wurden, hatten ihre Reise schon früher begonnen und Hamburg war meist ihre erste Zwischenstation auf ihrem Weg in den Kolonialkrieg in DSWA. Bis zur Kabinettsorder vom 16. Mai 1904, in der dem preußischen Kriegsministerium die Aufstellung übertragen wurde, wurden die Freiwilligen für die Schutztruppe die ersten knapp vier Monate vom Kommando der Schutztruppe in Berlin aufgestellt und direkt am nächsten Tag weiter nach Hamburg geschickt.[118] Dabei wurden die ersten Transporte noch persönlich von Kaiser Wilhelm II. im Berliner Stadtschloss und unter dem Jubel der Berliner Bevölkerung verabschiedet,[119] während ab Mitte Mai 1904 die Truppen auf Truppenübungsplätzen zusammentraten, wo sie ausgerüstet und geimpft wurden, bevor sie nach zehn bis elf Tagen weiterreisten.[120] In dem folgenden Abschnitt soll diese erste Zwischenstation der Soldaten in Hamburg genauer betrachtet werden, um ein besseres Verständnis davon zu ermöglichen, wie diese Soldaten in Hamburg verabschiedet und ausgeschifft wurden.

Das obenstehende Zitat gibt schon einen ersten Eindruck von der Stimmung, die am Kai bei diesen Verabschiedungen herrschen konnte. Dieses Zitat stammt aus einer Hamburger Tageszeitung, die über den ersten Transport von Soldaten nach DSWA aus Hamburg berichtete, nachdem der Krieg Mitte Januar begonnen hatte. Für die weiteren exemplarischen Betrachtungen habe ich einen Transport aus dem Sommer desselben Jahres gewählt, der eine gute Quellenlage bietet.

Die Verabschiedung der Truppen des Transports am 07. Juni 1904

Am Dienstag, den 7. Juni 1904, ist der zehnte Truppentransport seit Ausbruch des Kolonialkriegs im Januar 1904 aus dem Hamburger Hafen nach DSWA abgegangen. Insgesamt war es in dem Jahr der zwölfte Transport von deutschen Truppen in das Kriegsgebiet in Afrika und, wie die Neue Hamburger Zeitung in ihrer Morgenausgabe am 8. Juni 1904 berichtete, war dieser militärische Truppentransport aus dem Hamburger Hafen »ähnlich wie die ersten über Hamburg erfolgten Truppenexpeditionen zu einer hübschen Kundgebung für die aus der Heimat scheidenden Soldaten [geworden].«[121] Bei diesem Truppentransport sind insgesamt zwei Schiffe aus dem Hafen abgefahren, die 908 Soldaten[122] und circa 448 Pferde[123] transportiert haben, womit dies einer der zahlenmäßig größeren Transporte aus dem Hamburger Hafen war. Beide Schiffe – die *Lucie Woermann* der Woermann-Linie und die *Schleswig* des Norddeutschen Loyds aus Bremen – sind vom Peter-

118 Kommando der Schutztruppen im Reichs-Kolonialamt 1909, S. 4.

119 Vgl. hierzu verschiedene Zeitungsartikel zu den ersten Truppentransporten: Hamburgischer Correspondent, Abendausgabe, Nr. 50, 31.01.1904, S. 4; Hamburgischer Correspondent, Morgenausgabe, 06.01.1904, Nr. 61, Beilage 1, S. 1.

120 Kommando der Schutztruppen im Reichs-Kolonialamt 1909, S. 4.

121 Neue Hamburger Zeitung, Morgenausgabe, Nr. 263, 08.06.1904, S. 2.

122 Kommando der Schutztruppen im Reichs-Kolonialamt 1909, S. 169.

123 Hamburger Nachrichten, Abendausgabe, Nr. 391, 06.06.1904, S. 6.

senkai im Baakenhafen am Abend um 21 Uhr und um 21.30 Uhr nacheinander abgefahren, begleitet von mehreren Hundert Menschen direkt am Kaiufer und laut Zeitungsberichten Tausenden an den Ufern des Hafens.[124] Interessant ist aber nicht nur die Größenordnung des Transportes, sondern vor allem die »Kulisse«, in der sich dieser Transport abgespielt hat, also der festliche Rahmen der Verabschiedung und die Wirkung auf Akteure und Zuschauer. Dabei geht es um die Prozesse während der Verabschiedung, bei denen zwischen den abfahrenden Soldaten und den Zuschauer*innen eine Verbindung entstanden ist, die mit dazu beigetragen hat, aus einem relativ formalen logistischen Akt des Militärs, einen – in heutigen Worten – Event im Hafen werden zu lassen, an dem viele Zivilisten begeistert teilgenommen haben.

Der Tag selber hatte zwei grobe Abschnitte: Bereits früh am Morgen trafen die Soldaten direkt am Kai per Zug ein, wonach sie bis zur eigentlichen Verabschiedung am Abend Urlaub hatten und sich frei in der Stadt bewegen durften.[125] Auf die *Schleswig* gingen insgesamt 381 Truppenangehörige,[126] die zum großen Teil einfache Soldaten waren. Daneben gab es laut Hamburger Nachrichten unter den Truppenangehörigen den Kommandeur Major von Wahlen-Jürgas sowie einen Oberleutnant, einen Major, zwei Hauptleute, zwei Oberleutnants, einen Oberarzt, einen Oberveterinär, neun Leutnants, einen Assistenzarzt, einen Zahlmeister, eine Krankenschwester, drei Postassistenten und drei Postboten.[127] Auf die *Lucie Woermann* gingen insgesamt 527 Truppenangehörige,[128] die, neben den einfachen Soldaten, aus dem Kommandeur Major von Lengerke, drei Hauptleuten, Stabsarzt Dr. Otto, sechs Oberleutnants, zehn Leutnants, einem Assistenzarzt und einem Zahlmeister bestanden.[129]

Die Soldaten trafen um 5 Uhr und um 9 Uhr mit Militärzügen aus ihren Aufstellungsorten Munster – zwischen Hamburg und Hannover gelegen – und Döberitz – westlich von Berlin[130]– am Petersenkai ein.[131] Direkt nach ihrer Ankunft gingen sie an Bord der Schiffe, verstauten

[124] Neue Hamburger Zeitung, Morgenausgabe, Nr. 263, 08.06.1904, S. 3; Hamburger Nachrichten, Zweite Morgenausgabe, Nr. 396, 08.06.1904, S. 3.
[125] General-Anzeiger für Hamburg-Altona, Nr. 132, 08.06.1904, S. 2.
[126] Kommando der Schutztruppen im Reichs-Kolonialamt 1909, S. 169.
[127] Hamburger Nachrichten, Abendausgabe, Nr. 391, 06.06.1904, S. 6.
[128] Kommando der Schutztruppen im Reichs-Kolonialamt 1909, S. 169.
[129] Hamburger Nachrichten, Abendausgabe, Nr. 391, 06.06.1904, S. 6.
[130] Kommando der Schutztruppen im Reichs-Kolonialamt 1909, S. 169.
[131] General-Anzeiger für Hamburg-Altona, Nr. 132, 08.06.1904, S. 2.

ihr Gepäck und erhielten Essen und Getränke, bevor die Züge mit den Pferden auf dem Kai eintrafen, die über lange Stege direkt an Bord in die Stallungen geführt wurden.[132] Die Pferde wurden nur an Bord der *Schleswig* gebracht, die vor dem Transport in Bremerhaven extra umgebaut wurde, um die Pferde transportieren zu können.[133]

Nachdem sie auf den Schiffen untergebracht waren und gegessen hatten, gab es für die Truppenangehörigen Urlaub, bis zum letzten Appell um 19.30 Uhr am Petersenkai. Über diesen Zeitraum von mehreren Stunden, den die Soldaten in der Stadt Hamburg selber verbracht haben, ist nur sehr wenig in den Zeitungen geschrieben worden. In einem Zeitungsartikel wurde geschrieben, dass die Soldaten von der Möglichkeit »die Stadt Hamburg zu besichtigen« viel Gebrauch gemacht haben.[134] Zu vermuten steht, dass viele der jungen Männer auch in Kneipen und Gaststätten eingekehrt sind und die Gelegenheit vor ihrer Abreise genutzt haben, um Bordelle zu besuchen oder Dienste von Straßenprostituierten zu kaufen. Bei meinen Recherchen habe ich zufällig einen Artikel gefunden, in dem über einen beurlaubten Soldaten der Schutztruppe berichtet wurde. Dieser Soldat hat während seines Kurzurlaubes in einer Gaststätte auf St. Pauli betrunken eine Sexarbeiterin mit seinem Seitengewehr (Bajonett) schwer verletzt.[135] Um ein besseres Verständnis davon zu gewinnen, was die Soldaten zwischen Ankunft an Bord der Schiffe bis zur eigentlichen Verabschiedung und anschließender Abfahrt gemacht haben, wären militärpolizeiliche Akten und Tagebuchaufzeichnungen von Soldaten interessantes Quellenmaterial, aber die dafür nötige Recherche hätte den Rahmen dieser Arbeit überschritten. Daher muss die Frage nach dem Verbleib der Soldaten während ihres letzten kurzen Heimaturlaubes in Hamburg an dieser Stelle zurückgestellt werden.

Schon vor Ankunft der ersten Soldaten, hatten alle Schiffe der Woermann-Linie und der Deutschen Ostafrika-Linie, die im Baakenhafen lagen, über die Toppen[136] geflaggt.[137] Die vielen Flaggen und Fahnen an den Schiffen bildeten einen visuellen Rahmen, in dem der Truppen-

[132] Hamburgischer Correspondent, Abendausgabe, Nr. 262, 07.06.1904, S. 4.

[133] Hamburger Nachrichten, Abendausgabe, Nr. 391, 06.06.1904, S. 6.

[134] Hamburger Nachrichten, Abendausgabe, Nr. 394, 07.06.1904, S. 6.

[135] Hamburger Nachrichten, Abendausgabe, Nr. 397, 08.06.1904, S. 6.

[136] Dies ist eine besondere Beflaggung von Schiffen für bestimmte Festakte oder Paraden, bei der neben den normalen Flaggen eines Schiffes noch zusätzliche Signalflaggen und Wimpel zur Ausschmückung des Schiffes gehisst werden.

[137] General-Anzeiger für Hamburg-Altona, Nr. 132, 08.06.1904, S. 2.

abschied stattfand und mit dem die Besonderheit des Tages im Unterschied zum normalen Betriebsalltag am Kai deutlich wurde.

Eine weitere Besonderheit an diesem Tag waren die vielen Hundert Besucher*innen am Kai, die von 9 Uhr morgens an bis zum Ende der Verabschiedung den Kai betreten durften. Durch die Woermann-Linie wurden im Voraus 1200 Zugangskarten für die Verabschiedung an diesem Tag in ihrem Kontorhaus, dem »Afrikahaus« in der Großen Reichenstrasse 27, ausgegeben, die zum Betreten der Schuppen und der Schiffe berechtigten.[138]

Woermann-Linie.

Zutrittskarte zum Petersenkai

am 7. Juni 1904.

Abfertigung der Truppentransportdampfer

des Norddeutschen Lloyd „SCHLESWIG“

und der Woermann-Linie „LUCIE WOERMANN“.

Abgang vom Petersenkai am 7. Juni, abends 9 Uhr.

Der Besuch kann nur von morgens 9 Uhr bis abends 9 Uhr gestattet werden. Rauchen ist am Kai nicht gestattet, auch ist das Mitbringen brennender Cigarren, Cigaretten oder Pfeifen untersagt

Für etwaige Unfälle, welche die Besucher am Kai oder auf den sonstigen Betriebsstätten, sowie am Bord oder auf den Zugängen zu den Schiffen treffen könnten, sind die Gesellschaften nicht verantwortlich.

Diese Karte ist auf Verlangen vorzuzeigen.

Bild einer Zutrittskarte zum Petersenkai aus dem Staatsarchiv Hamburg. (Quelle: StArch HH: 132-1 I_180)

Leider wurden in den Zeitungsartikeln keine genauen Zahlen genannt, ob tatsächlich 1200 Leute mit diesen Karten zur Verabschiedung gekommen sind und es wurde auch nicht erwähnt, ob die Karten vonseiten der Woermann-Linie verkauft wurden oder ob eine Registrierung ausreichend war, um diese Karten zu erhalten. In den Artikeln wurde nur von »verabfolgen« oder »ausgeben« der Karten gesprochen und dass die Personen auf dem Kai eine besondere Zulassung bekom-

[138] General-Anzeiger für Hamburg-Altona, Nr. 133, 09.06.1904, Beilage 1, S. 1.

men haben,[139] vermutlich um durch den Freihafen zum Petersenkai zu gelangen und diesen betreten zu dürfen. Die Szenerie, die sich am frühen Abend des 07.Juni 1904 am Petersenkai dargeboten hat, wurde in mehreren Artikeln ausführlich beschrieben und es wurde deutlich, wie beeindruckt die Autoren gewesen sein müssen. So wurde zum Beispiel in einem Artikel der zweiten Morgenausgabe der Hamburger Nachrichten in folgenden Worten über den Transport berichtet:

> »*Eine ungemein große Menschenmenge hatte sich am Petersenkai eingefunden, in der Hauptsache Verwandte und Bekannte der nach der deutschen Colonie* [sic!] *abgehenden Soldaten. Am Kai selbst war daher ein Gedränge der Menschenmassen, wie es bislang noch nicht beobachtet worden ist.*«[140]

Im General-Anzeiger für Hamburg-Altona wurde die Szenerie folgend beschrieben:

> »*Der große Transport* [...] *hatte aber doch wieder viele Tausend angelockt, die den scheidenden Truppen das letzte Lebewohl auf heimatlichen Boden zu rufen wollten. Die späte Stunde der Abreise mag wohl viel zu dem massenhaften Andrang des Publikums beigetragen haben. An den Landungsstellen bei St.Pauli, an der Kehrwiederspitze, am Krahnhöft und am Petersenquai, auf dem Raum zwischen den Schuppen der Woermann-Linie und der Levante-Linie hatten sich Geschäftstreibende und Arbeiter in großer Zahl angefunden. Auch die Schuppen 26 und 27 am Petersenquai boten ein äußerst belebtes Bild.*«[141]

Auch in der Neuen Hamburger Zeitung wurde von den vielen Menschen berichtet, die sich am Petersenkai selber eingefunden hatten und an den umliegenden Ufern auf beiden Seiten der Elbe standen, um die Soldaten zu grüßen.[142] In den Zeitungsartikeln wurde beschrieben, dass die große Menge an Zuschauern auch mit der Uhrzeit des Transportes zusammenhing. Aus Berichten zu anderen Transporten wurde deutlich, dass neben der Uhrzeit auch die Witterung eine Rolle gespielt hat. Die Schiffe konnten den Hamburger Hafen nur bei bestimmten Wetterverhältnissen und Pegelständen verlassen. Bei anderen Trans-

139 Neue Hamburger Zeitung, Morgenausgabe, Nr. 263, 08.06.1904, S. 3.
140 Hamburger Nachrichten, Zweite Morgenausgabe, Nr. 396, 08.06.1904, S. 3.
141 General-Anzeiger für Hamburg-Altona, Nr. 133, 09.06.1904, Beilage 1, S. 1.
142 Neue Hamburger Zeitung, Morgenausgabe, Nr. 263, 08.06.1904, S. 3.

porten wurde von Verspätungen der Transporte berichtet, weil zu starker Nebel auf der Elbe die Sicht einschränkte oder der Abfahrtstermin aufgrund des Pegelstandes nur spät in der Nacht oder in den frühen Morgenstunden möglich war.[143]

Aus den Beschreibungen der Journalisten zu dem Transport am 07. Juni 1904 entsteht allerdings ein erster Eindruck, welch großes öffentliches Interesse an den Verabschiedungen der Truppen im Jahr 1904 in der Stadt Hamburg vorherrschen konnte. Bei einem knapp vier Monate später stattfindenden Truppentransport am Petersenkai war der Fotograf Franz Spenker anwesend, von dem ein Foto die Menschen am Kaiufer sowie die Soldaten an Bord eines Woermann-Linien Schiffes zeigt und an dem die in den Artikeln beschriebene Szenerie noch weiter erfahrbar wird.

Abfahrt der Ernst Woermann *vom Petersenkai.*
(Quelle: Bundesarchiv: Bild 146-2008–0180; Foto: Spenker, Franz 1904)

143 Vgl. hierzu ein Transport mit zwei Schiffen vom 17./18.01.1905, der aufgrund eines zu niedrigen Flutpegels mehrmals stecken blieb und erst mit mehr als 24 Stunden Verspätung die Nordsee erreichte. Hamburgischer Correspondent, Abendausgabe, Nr. 31, 17.01.1905, Beilage 1, S. 3 und Hamburgischer Correspondent, Abendausgabe, Nr. 33, 18.01.1905, Beilage 1, S. 3.

Auf dem Bild der Seite 43 ist die Jahreszahl 1904 vermerkt und laut Bundesarchiv ist der Titel des Bildes: »Transport der Kaiserlichen Schutztruppe für Deutsch-Süd-West-Afrika. Abfahrt des Dampfers ›Ernst Woermann‹ von Hamburg nach dem Kriegsschauplatz.«[144] Bei Betrachtung des Bildes in hoher Auflösung ist der Name des Schiffes auch eindeutig zu erkennen. Laut der Listen für die Truppentransporte im Sanitätsbericht des Reichs-Kolonialamts von 1909 hat die *Ernst Woermann* 1904 einmal Truppen von Hamburg nach DSWA transportiert,[145] sodass dieses Bild höchst wahrscheinlich einen Transport vom 30. September 1904 zeigt. Auf dem Bild ist gut zu erkennen, wie der Kai bis zum Rand mit Menschen gefüllt war und sogar noch der etwas tiefer gelegene schmale Platz zwischen den Kränen direkt am Kaiufer genutzt wurde, um den Soldaten möglichst nah zu sein. Dabei ist ebenfalls zu erkennen, wie heterogen das Publikum war: Es sind Frauen mit Kleidern und großen Hüten zu erkennen, in der ersten Reihe sind einige Kinder zu sehen und viele der anwesenden Männer trugen zivile Kleidung. Es wird auf dem Bild somit der Eindruck aus den Zeitungsberichten unterstrichen, dass bei den Transporten das Publikum nicht in erster Linie aus den Werktätigen der umliegenden Betriebe bestand. Sowohl die *Ernst Woermann* im Vordergrund als auch das im Hintergrund zu erkennende Schiff hatten, wie in den Beschreibungen zum 07. Juni 1904, die Festbeflaggung gehisst und der Hamburgische Correspondent berichtete als Abfahrtszeit 18 Uhr für diesen Transport.[146] Aufgrund dieser Ähnlichkeiten, dürfte sich die Szenerie am 07. Juni 1904 am Petersenkai nicht grundlegend anders dargestellt haben, mit dem Unterschied, dass bei dem Transport am 07. Juni 1904 ungefähr doppelt so viele Soldaten auf zwei Schiffen befördert wurden.[147]

Wie im General-Anzeiger im oben stehenden Zitat beschrieben, schienen für den hier behandelten Truppentransport im Juni 1904 aber die Rahmenbedingungen von Wetter und Uhrzeit passend gewesen zu sein, sodass es eine große Menge an Leuten gab, die an der Verabschiedung teilgenommen haben. Außerhalb der abgesperrten Schuppen am Petersenkai waren dies laut Zeitungsberichten vor allem Arbeiter*innen

[144] BArch: Bild 146-2008-0180.

[145] Kommando der Schutztruppen im Reichs-Kolonialamt 1909, S. 169f.

[146] Hamburgischer Correspondent, Abendausgabe, Nr. 460, 30.09.1904, Beilage 1, S. 3.

[147] Beim Transport am 30.09.1904 wurden ca. 412 Soldaten transportiert. Vgl.: Kommando der Schutztruppen im Reichs-Kolonialamt 1909, S. 169.

und Geschäftstreibende, während sich in dem abgesperrten Bereich Verwandte und Bekannte der Abreisenden befanden, die die Zugangskarten über die Woermann-Linie erhalten haben.[148] Hier stellen sich die Fragen, woher die Verwandten kamen und wie sie anreisten, da es sich ja nicht nur um Soldaten aus Hamburg handelte, die verabschiedet wurden. Ebenfalls wäre es interessant sich mit der Rolle der Familie bei diesen Verabschiedungen auseinanderzusetzen und dabei die Rolle von Mutter und Vater aus genderspezifischen Blickwinkeln zu betrachten. Auch stellt sich die Frage, wie die Verabschiedung von den vorrangig wohl weiblichen Lebenspartnerinnen der Soldaten ablief. Für die Beantwortung dieser Fragen wären Tagebücher und Korrespondenz der Beteiligten hilfreiche Quellen, die für diese Arbeit allerdings nicht zusätzlich recherchiert werden konnten. Neben diesem Teil des Publikums, der eher aus privaten Gründen anwesend war, gab es auch noch viele weitere Personen, die aus offiziellem Anlass an der Verabschiedung teilnahmen. Dies waren verschiedene Vertreter der Woermann-Linie und des Hamburger Senats, aber vor allem Militärangehörige der zuständigen Kommandoebenen aus Hamburg, Altona und Berlin.

Von der Woermann-Linie wurden, mit einem persönlich von Adolph Woermann unterzeichneten Schreiben vom 04. Juni 1904, mehrere Zutrittskarten an den Senat Hamburgs, in Vertretung von Bürgermeister Johann Burchard, geschickt, wofür sich seitens des Senats ebenfalls schriftlich bei Adolph Woermann bedankt wurde.[149] Aus der Akte und den Zeitungsartikeln geht nicht hervor, wer von der Woermann-Linie und wer vonseiten des Senates bei diesem Transport vor Ort war. Bei früheren Truppenverabschiedungen waren laut Zeitungsberichten Adolph und Eduard Woermann mit ihren Ehefrauen, sowie verschiedene Senatoren anwesend.[150]

Als sich die Soldaten um 19.30 Uhr auf dem Petersenkai zum letzten Appell vor der Abfahrt einfanden, waren also vermutlich keine hohen Vertreter des Senats oder der Woermann-Linie anwesend, aber trotzdem wurden sie mit einer ausführlichen Zeremonie verabschiedet. Zunächst haben sich die Truppen im Schuppen 27 eingefunden, vor dem die *Schleswig* lag. Dort haben sie zunächst die sogenannten »Liebesgaben« des Senats durch die Helfer des Roten Kreuzes erhalten.[151]

[148] Hamburger Nachrichten, Zweite Morgenausgabe, Nr. 396, 08.06.1904, S. 3.
[149] StArch HH: 132-1 I_180.
[150] Altonaer Nachrichten, Abendausgabe, Nr. 62, 06.02.1904, S. 2.
[151] Hamburger Nachrichten, Zweite Morgenausgabe, Nr. 396, 08.06.1904, S. 3.

»Liebesgaben« wurden offizielle Geschenke des Hamburger Senats genannt, die Soldaten bei ihrer Aus-, Rück- oder Durchreise in Hamburg erhalten haben. In der Regel waren dies Zigarrentaschen aus Leder oder Bast, die mit einem speziellen Aufdruck oder Prägung versehen und mit Zigarren gefüllt waren, sowie Ansichtskarten, die meistens direkt von den Soldaten als letzter Gruß aus der Heimat verschickt wurden. Auch bei diesem Transport gab es für jeden Soldaten Ansichtskarten und Zigarrentaschen, die laut Neuer Hamburger Zeitung »gut gefüllt« waren und die Aufschrift: »Glückliche Ausreise, gesunde Heimkehr« hatten.[152] Organisiert und durchgeführt wurde die Verteilung durch das Rote Kreuz, unter Leitung des Hauptmanns der Reserve Karl Sauer, der schon bei Beginn der Transporte im Januar diese Aufgabe hatte.[153] Anschließend trat der Kommandeur der Truppenteile, die auf der *Schleswig* reisten, Major von Wahler-Jürgaß, vor die Soldaten und hielt eine »kernige« Ansprache, »in der er seinen Dank im Namen seiner Kameraden aussprach für die liebenswürdige Überreichung der Liebesgaben der Freien und Hansestadt Hamburg«.[154] Am Ende der Rede hat der Kommandeur ein »Hoch« auf Senat und Hamburg angestimmt, in das die Soldaten »kräftig« eingestimmt haben.

Der nächste Teil der Verabschiedung fand im benachbarten Schuppen 26 des Petersenkais vor der *Lucie Woermann* statt. Die Soldaten marschierten zu dem Schuppen und nahmen im Quarre Aufstellung, um vom Oberkommandierenden der Schutztruppe aus Berlin, Oberstleutnant Ohnesorge, inspiziert zu werden.[155] Mit dem Ortswechsel hatte der militärische Teil der Verabschiedung begonnen und nach der Inspektion der Truppen wurden die Grüße des obersten Befehlshabers der Truppen in Hamburg und Altona – General von Bock und Polach – übermittelt. Als Vertretung des Generals war der Oberst von Dassel um 20.30 Uhr mit einer Barkasse aus Altona am Kai angekommen, der laut Hamburgischer Correspondent ungefähr folgende Rede hielt:

> *»Kameraden, auf Befehl des kommandierenden Generals des IX. Armeekorps Exzellenz v. Bock und Polach sage ich der ausrückenden Schutztruppe Lebewohl und bringe ihr die besten Grüße und Wünsche Seiner Majestät des Kaisers. Unser und aller Deutschen Interesse und besten Wünsche begleiten die Truppen. Seitens*

[152] Neue Hamburger Zeitung, Morgenausgabe, Nr. 263, 08.02.1904, S. 3.
[153] Hamburger Nachrichten, Abendausgabe, Nr. 75, 30.01.1904, S. 5.
[154] Hamburger Nachrichten, Zweite Morgenausgabe, Nr. 396, 08.06.1904, S. 3.
[155] Hamburger Nachrichten, Zweite Morgenausgabe, Nr. 396, 08.06.1904, S. 3.

der Soldaten herrscht stets der Wunsch, bald heran an den Feind zu gelangen, ihn niederzuwerfen und ruhmgekrönt ins Vaterland zurückzukehren. Stimmt mit mir ein in den Ruf: Seine Majestät, unser allergnädigster Kriegs- und Landesherr, er lebe hoch, hurra, hurra, hurra!«[156]

Die Hamburger Nachrichten gaben den zweiten Teil der Rede des Obersts etwas anders wieder, wodurch ein martialischerer Tonfall entstand:

»Kämpft wacker, geht tapfer an den Feind heran und besiegt ihn, das ist der Wunsch Seiner Majestät und des deutschen Volkes. Mit einem Hoch auf den Kaiser in das die Umstehenden begeistert einstimmten, schloß der Oberst seine Ansprache.«[157]

Im Anschluss an die Rede spielte zunächst die anwesende Musikkapelle des 76. Regiments die sogenannte »Kaiserhymne«, welches das Lied »Heil dir im Siegerkranz« war, und danach hielt der Kommandeur der auf der *Lucie Woermann* ausreisenden Soldaten – Major von Lengerke – eine Rede:

»Kameraden, uns ist es vergönnt, freiwillig einer Pflicht zu folgen, in fernen Landen einen Feind zu bekämpfen. Es ist eine Ehrenpflicht, die wir übernommen haben. Ich denke, die Armee wird uns darum beneiden. Stimmt mit mir ein in den Ruf: Die deutsche Armee lebe hoch, hurra, hurra, hurra!«[158]

Auch an diesem kollektiven »Hochleben lassen« beteiligten sich die Soldaten enthusiastisch und anschließend begaben sich die Truppen an Bord der beiden Schiffe. Zunächst wurde die *Schleswig* um 21 Uhr mit einem Schlepper aus dem Hafenbecken geholt und um 21.30 Uhr folgte die *Lucie Woermann*.[159] Beide Ablegemanöver wurden von dem lauten Jubel der Zuschauer an Land und der Soldaten auf den Schiffen begleitet, die an Deck standen und teilweise auf die Aufbauten und Masten der Schiffe geklettert waren.[160]

Mit diesen Beschreibungen der von beiden Seiten bejubelten Ausfahrt endeten die Berichte von der Verabschiedung der Truppen am

[156] Hamburgischer Correspondent, Morgenausgabe, Nr. 263, 08.06.1904, S. 12.
[157] Hamburger Nachrichten, Zweite Morgenausgabe, Nr. 396, 08.06.1904, S. 3.
[158] Hamburgischer Correspondent, Morgenausgabe, Nr. 263, 08.06.1904, S. 12.
[159] General-Anzeiger für Hamburg-Altona, Nr. 133, 09.06.1904, Beilage 1, S. 1.
[160] Hamburger Nachrichten, Zweite Morgenausgabe, Nr. 396, 08.06.1904, S. 3.

07. Juni 1904 in den Zeitungen. Die Neue Hamburger Zeitung und die Hamburger Nachrichten deuteten noch etwas die Weiterfahrt der Schiffe an, in dem noch berichtet wurde, dass die *Schleswig* direkt nach Swakopmund gefahren ist und die *Lucie Woermann* etwas weiter flussabwärts schon wieder haltmachte, um noch Munition und Schießpulver aufzunehmen, bevor sie nach Lüderitzbucht weitergefahren ist.[161] Damit hat sich die Berichterstattung in allen fünf von mir hier analysierten Zeitungen mit Vor- und Nachberichten vom 6. bis 9. Juni 1904 über insgesamt vier Tage ausgestreckt und drei Zeitungen haben am Ende ihrer Artikel schon direkt die nächste Verabschiedung am 17. Juni 1904 angekündigt.

Gemeinsamkeiten und Besonderheiten im Verhältnis zu weiteren Truppenverabschiedungen am Petersenkai

Die Stimmung, die vom Truppentransport am 07. Juni 1904 in den Zeitungen beschrieben wurde, war nicht nur bei diesem Transport zu beobachten, sondern wurde auch für andere Transporte ähnlich beschrieben. Von dem weiter oben schon erwähnten Fotografen Franz Spenker gibt es auch zu dieser letzten Phase der Verabschiedung ein Bild des Schiffs *Gertrud Woermann*[162] aus dem Jahr 1904, mit dem hier ebenfalls ein besserer Zugang zu Szenerie und Stimmung bei den Transporten ermöglicht werden soll.

Hier ist das Datum der Aufnahme nicht so eindeutig zu bestimmen. Die Jahreszahl ist zwar wieder auf der Aufnahme vermerkt, aber im Sanitätsbericht sind zwei Abfahrtsdaten der *Gertrud Woermann* für das Jahr 1904 angegeben: der 23. Juli 1904 und der 26. Oktober 1904.[163] Aus der Bildunterschrift geht zwar eindeutig hervor, dass es sich um eine Truppenverabschiedung handelte, aber leider nicht an welchem Datum sie stattfand: »Transport der Kaiserlichen Schutztruppe für Deutsch-Süd-West-Afrika. Abfahrt des Woermann-Dampfers von Hamburg nach dem Kriegsschauplatz.«[164] Gut zu sehen auf dem Bild sind allerdings die Soldaten, die vom Bug bis Heck des Schiffes an Deck stehen und winken. Es sind so viele Soldaten, dass sogar die Rettungsboote komplett voller Soldaten sind und einige – wie in den Zeitungsartikeln

[161] Neue Hamburger Zeitung, Morgenausgabe, Nr. 263, 08.07.1904, S. 3; Hamburger Nachrichten, Zweite Morgenausgabe, Nr. 396, S. 3.

[162] BArch: Bild 146-2008-0344.

[163] Kommando der Schutztruppen im Reichs-Kolonialamt 1909, S. 169.

[164] BArch: Bild 146-2008-0344.

Abfahrt der Gertrud Woermann *vom Petersenkai.*
(Quelle: Bundesarchiv: Bild 146-2008–0344; Foto: Spenker, Franz 1904)

zum Transport vom 07.Juni 1904 ebenfalls beschrieben wurde – hoch auf die Masten geklettert waren und auf der Takelage standen und von dort winkten. Auch die schon beschriebene Festbeflaggung der Schiffe ist hier wieder gut zu erkennen.

Aus den Beschreibungen der Journalisten und dem Foto wird deutlich, wie in diesem letzten Akt der Verabschiedung die militärische Ordnung außer Kraft gesetzt zu sein schien, die noch gerade zuvor am Kai eingehalten wurde, wo von den Vorgesetzten sogar noch strikt darauf geachtet wurde das geltende Rauchverbot einzuhalten und es nicht erlaubt wurde die vom Senat geschenkten Abschiedszigarren zu rauchen.[165]

Auf einem weiteren Bild zu Truppenverabschiedungen aus Hamburg wird diese temporär außer Kraft gesetzte Ordnung ebenfalls deutlich. Dieses Bild zeigt als Halbtotale den Bugbereich der *Hans Woermann*, an dessen Reling und auf den Aufbauten mehrere Reihen dicht gedrängter Soldaten standen, die zum größten Teil die typische Uniform der Schutztruppe trugen. Das Foto selber ist vom Kai aus aufgenommen worden und es ist deutlich zu erkennen, dass das Schiff noch fest am Kai vertäut war.

165 Neue Hamburger Zeitung, Abendausgabe, Nr. 50, 30.01.1904, Beilage 1, S. 1.

Soldaten der Schutztruppe an Bord der Hans Woermann.
(Quelle: Bundesarchiv: Bild 183-H28370; Foto: o. Ang. 1904)

Aus der Bildunterschrift wird deutlich, dass es sich um einen Truppentransport aus Hamburg handelte und die Datierung des Bundesarchivs nennt 1904 als Jahreszahl.[166] Aus dem Abgleich mit den Daten aus dem Sanitätsbericht ergibt sich der 17. Oktober 1904 als sehr wahrscheinliches Aufnahmedatum, da dies das einzige Datum im Jahr 1904 war, an dem die *Hans Woermann* laut des Berichts einen Truppentransport nach DSWA befördert hat.[167] Zum Fotografen selbst sind keine Angaben vom Bundesarchiv gemacht worden und auf dem Foto selbst ist kein Name vermerkt.

Bemerkenswert an diesem Bild sind die Posen der Soldaten, die nicht, wie bei den anderen beiden Bildern, einen Schnappschuss vermuten lassen, sondern eine bewusste Inszenierung für dieses Foto nahelegen. Nahezu alle Soldaten schauten in die Kamera und bis auf einige Wenige trugen sie alle ihr Gewehr mit sich, welches auf dem Foto in unterschiedlichen Posen präsentiert wurde. Die Meisten hielten es schräg vor sich, die Soldaten in der letzten Reihe hielten es in die Luft

[166] BArch: Bild 183-H28370.
[167] Kommando der Schutztruppen im Reichs-Kolonialamt 1909, S. 169.

hoch, während ein paar Soldaten in der ersten Reihe, links und rechts außen, direkt an der Reling, ihr Gewehr auf die Kamera angelegt hatten und so taten, als ob sie schießen würden. Ganz zuvorderst und mittig im Bild auf der Reling stehend hatte ein Soldat eine Trompete an den Mund gesetzt und scheint zum Angriff oder zum Abmarsch der Truppe geblasen zu haben. Im ganzen wirkt das Bild auf mich eher wie eine Gruppe »Abenteurer«, die sich voller Erwartungen und Tatendrang auf den Weg zu einer aufregenden Reise machte und nicht wie Soldaten, die in einen Krieg gefahren sind und eigentlich gerade Teil eines militärischen Transports waren.

Was an diesen Bildern und den Zeitungsartikeln deutlich wird, ist, welche Stimmung bei diesen Truppenverabschiedungen geherrscht haben muss. Aus dem hier untersuchten Material entsteht ein zweigeteiltes Bild, bei dem es auf der einen Seite die militärischen Abläufe gab, die geordnet und streng waren. Die andere Seite waren die Momente, in denen diese Ordnung aufbrach und sich die Emotionen der beteiligten Soldaten, der Familien und des Publikums in Begeisterung und Jubel ausdrückten und damit vermutlich auch die Angst und Trauer über die ungewisse Zukunft für einen kurzen Zeitraum überlagert wurden. Dieser Wechsel zwischen Ordnung und weniger strukturierten Momenten während der Truppenverabschiedungen ist mit dem von dem Kulturanthropologen Victor W. Turner entwickelten Konzept der Liminalität gut zu beschreiben. Laut Stollberg-Rilinger beschreibt Turner »die Liminalität als einen rituellen Zustand des ›*betwixt and between*‹ […] – kurz als einen Zustand der Anti-Struktur, der alle gesellschaftliche Struktur vorübergehend aufhebt.«[168] Turner hatte damit das Konzept der Schwellenphase bei sogenannten Übergangsritualen weiterentwickelt: In der Schwellenphase wird der Übergang zwischen einem alten und einem neuen Zustand so geregelt, dass die Kontinuität der sozialen Ordnung über den individuellen Wechsel hinaus gewahrt wird.[169] Bei den Truppenverabschiedungen wurde meiner Meinung nach *nicht* die gesellschaftliche Struktur aufgehoben, da würde der Vergleich mit Turners Konzept zu weit gehen. Allerdings ist über den gemeinsamen Jubel und den Hurra-Rufen zwischen den Soldaten und den Zuschauern eine Verbindung entstanden, die den Übergang zwischen dem alten geordneten Zustand im Kaiserreich – symbolisiert durch die militärische Verabschiedung am Kai – und dem ungewissen neuen Zustand im

[168] Stollberg-Rilinger 2013, S. 24. Hervorhebungen im Original.
[169] Ebd.

Krieg in der Kolonie geregelt hat. Durch diesen euphorischen Moment konnten sich Anspannung und Emotionen auf beiden Seiten entladen und die Verabschiedung in den Augen der Beteiligten als etwas Positives gedeutet werden.

Gerade die gemeinsam gerufenen »Hurras« hatten meiner Meinung nach einen großen symbolischen Wert. Mit diesen »Hurras« wurde die Bestätigung einer bestimmten gesellschaftlichen Ordnung ausgedrückt, die durch bestimmte Bezugspersonen oder Institutionen symbolisiert wurden: Das »Hurra auf den Kaiser« stand symbolisch für die Monarchie und die gesellschaftliche Ordnung des Kaiserreichs, sowie den Anspruch, damit für das gesamte deutsche Volk zu handeln. Das »Hurra auf den Senat« stand symbolisch für die vermeintlich »herzliche« Verabschiedung und die Verbindung zwischen Zivilgesellschaft und dem Militär. Das »Hurra auf die Armee« als Selbstvergewisserung der eigenen elitären Rolle als Soldaten, die sich in diesem Falle freiwillig für den Einsatz gemeldet haben. Ich verstehe dieses Hurra-Rufen als einen in der damaligen deutschen Gesellschaft verbreiteten kulturellen symbolischen Akt für die Zustimmung und Bestätigung einer Ordnung oder Institution, die als größer als die eigene Person wahrgenommen wurde und somit das eigene Handeln und Tun in Verbindung zu diesem gesetzt und aufgewertet wurde. Als nur ein Beispiel hierzu sei episodenhaft auf die Erstbesteigung des Kilimandscharo durch Nicht-Europäer hingewiesen: Hans Meyer und Ludwig Purtscheller bestiegen am 06. Oktober 1889 die höchste Erhebung des Kilimandscharo-Massivs. Auf dem Gipfel wurde eine extra für diesen Zweck mitgebrachte kleine »deutsche Fahne« »aufgepflanzt« und beide Bergsteiger riefen währenddessen ein dreimaliges Hurra aus, um anschließend die Spitze des Berges »Kaiser-Wilhelm-Spitze« zu taufen.[170]

Weiteres wichtiges Element bei den Truppenverabschiedungen war das gemeinsame Singen symbolträchtiger Lieder, die ebenfalls auf das Deutsche Kaiserreich und die gesellschaftliche Ordnung verwiesen und eine Verbindung der Beteiligten erzeugten. Da es im Kaiserreich von 1871 bis 1918 keine offiziell bestimmte Nationalhymne gab, wurden vor allem zwei Lieder als »inoffizielle Nationalhymnen« gesungen: Das »Lied der Deutschen« – 1841 von Heinrich Hoffmann von Fallersleben

[170] Hamann / Honold 2013, S. 89f. Die symbolträchtige Episode geht aber noch insofern weiter, als Meyer und Purtscheller den obersten Stein der Spitze mitgenommen und symbolisch dem Kaiser geschenkt haben, der diesen als »Briefbeschwerer« benutzt hat, ebd.

auf Helgoland zu einer Melodie Joseph Haydns getextet – und »Heil dir im Siegerkranz«, eine modifizierte Variante der preußischen Königshymne.[171] Das »Lied der Deutschen« hatte zu Beginn des 20. Jahrhunderts seinen Status als »inoffizielle Nationalhymne« schnell erreicht, nachdem es bei der offiziellen Feier des Übergangs von Helgoland an das Kaiserreich im August 1890 erstmals offiziell gespielt wurde.[172] Wie Dirk van Laak schreibt, drückte sich in diesem Lied der Wunsch der Deutschen nach nationaler Einheit aus und die erste Strophe wurde später ein Symbol des deutschen Großmachtwahns.[173] Es gibt also zwei hier besonders wichtige Bedeutungsebenen des Liedes: einmal der Verweis auf den inneren Zusammenhang der deutschen Gesellschaft und das eigene Überlegenheitsdenken gegenüber anderen Gesellschaften. Die modifizierte preußische Königshymne stellte den Bezug zum Kaiser her – dieser war ja auch der König von Preußen – und symbolisierte gleichzeitig die Akzeptanz der gesellschaftlichen Ordnung von Monarchie und Untertanen. Dieses Lied wurde bei Anlässen gespielt, bei denen der Kaiser anwesend war oder die sich auf ihn bezogen[174] und war unter dem Namen »Kaiserhymne« weithin bekannt.

Beide »inoffiziellen Nationalhymnen« des Kaiserreichs wurden laut vieler Zeitungsberichte oft gespielt und nahmen einen wichtigen Platz in den Erzählungen ein. Wie weiter oben schon erwähnt, wurde bei dem Truppenabschied am 7. Juni 1904 die »Kaiserhymne« nach der Rede des Obersts von Dassel in Vertretung des Kommandeurs der Truppen in Hamburg und Altona an die Truppen gespielt. In dieser Rede hatte der Oberst die Grüße des Kaisers an die Truppen übermittelt und ein dreifaches »Hoch« auf den Kaiser angestimmt, woraufhin die Musikkapelle besagte »Kaiserhymne« spielte. Die Rede wurde mit dem Lied in ihrer Bedeutung noch einmal unterstrichen und eine symbolische Verbindung direkt zum Kaiser über die Musik erzeugt, in dessen Auftrage die Truppen handelten. Im gleichem Kontext wurde auch das »Lied der Deutschen« bei diesen Verabschiedungen gespielt, auch wenn es in den Zeitungsberichten am 7. Juni 1904 nicht auftauchte.[175] Ein weiteres wichtiges Lied, welches bei den Truppentransporten ge-

171 Sautter 2004, S. 208.

172 Ebd.

173 Laak 2005, S. 7.

174 Sautter 2004, S. 8.

175 Siehe hierzu den an den Anfang dieses Kapitels gestellten Auszug aus einem Bericht über den ersten Truppentransport aus Hamburg in das Kriegsgebiet am 30.01.1904.

sungen und gespielt wurde, war das als »Volkshymne« bekannte Lied »Wacht am Rhein«, welches auch schon im Juni 1871 bei den mehrtägigen Feierlichkeiten zur deutschen Reichsgründung und des Sieges über Frankreich an prominenter Stelle zum Schluss des Festaktes in der Hofoper Berlin gespielt wurde.[176] Auch wenn dieses Lied eher frankophon war und bei Gedenkfeiern zum deutschen Sieg im Deutschen-Französischen Krieg von 1870/71 gespielt wurde, waren es diese drei Lieder, die im Deutschen Kaiserreich um den Platz einer offiziellen Nationalhymne konkurrierten.[177]

In dem diese Lieder bei den Truppenverabschiedungen gespielt wurden, war den Beteiligten sofort der Bezug zu diesem nationalen Rahmen deutlich und ich gehe davon aus, dass diese Veranstaltungen als ein repräsentativer Akt des Deutschen Kaiserreichs verstanden wurden. Wie die Musikwissenschaftlerinnen Katharina Hottman und Christine Siegert bemerken, eignen sich diese der Vokalmusik zuzurechnenden Lieder besonders gut, gedachte Ordnungen kollektiv vermitteln zu können, da bei der Vokalmusik über die Verbindung von prägnantem Text und emotional tragender Musik eine besondere Bindekraft des Mediums entsteht.[178] Ein weiterer wichtiger Punkt beim gemeinsamen Singen von geläufigen Liedern oder Hymnen ist die Möglichkeit einer aktiven Beteiligung eines Kollektivs an den »kulturellen Aufführungen«,[179] wodurch die Wirkung noch verstärkt wird, da alle Beteiligten den Deutungsakt gemeinsam vollziehen. Hier wird der bei den Hurra-Rufen weiter oben schon angesprochene verbindende Moment zwischen den Soldaten und Zuschauer*innen bei den Truppenverabschiedungen noch viel deutlicher. Susanne Kuß erläutert im Verlauf ihrer Darstellungen zu einem populären Soldatenlied aus dem Kolonialkrieg in Ostasien, dass: »Gesang und Musik – so im Vorwort jedes Soldatenliederbuches festgehalten – Kraft und Zuversicht geben, die Gemeinschaft stärken und die Disziplin fördern. Dahinter steht die Grundannahme, dass Singen ein Ritual ist, das wie kaum ein anderes Medium ein Gefühl von Gruppenverbundenheit erzeugen kann.«[180] Auch wenn es bei Kuß um eine heterogene Gruppe von Soldaten geht, bin ich der Meinung, dass die gleiche Wirkung von Musik und gemein-

176 Hottmann 2008, S. 110.
177 Hobsbawm 1983, S. 277.
178 Hottmann/Siegert 2008, S. 23.
179 Ebd.
180 Kuß 2010, S. 224.

samem Singen zwischen Soldaten sowie Zuschauer*innen bei den Verabschiedungen zum Tragen kam.

Den militärischen Musikkapellen kam bei den Inszenierungen somit eine wichtige Rolle zu. Am 7. Juni 1904 hatte die Musikkapelle des 76. Regiments diese Rolle eingenommen. Wenn diese Kapelle bei einer Truppenverabschiedung nicht spielen konnte, weil es zum Beispiel einen anderen Anlass gab oder das Regiment auf einer Übung war, wurde sich im Vorfeld zwischen militärischer Verwaltung und Senat darüber abgestimmt, welche Kapelle diese Rolle übernehmen sollte. So hat die Kommandantur in einem Schreiben vom 25. August 1905 den Senat um die Zustimmung gebeten, dass die Musikkapelle des Infanterieregiments »Graf Bose« (1. Thüringisches) Nr. 31 aus Altona diese Rolle übernimmt, wenn das 76. Regiment verhindert war.[181]

Neben diesen akustischen Merkmalen gab es noch die visuellen und ästhetischen Merkmale der Truppenverabschiedungen. Wichtigstes Merkmal war dabei die besondere Beflaggung der Schiffe im Baakenhafen, über die vor allem zwei Wirkungen erreicht wurden: Zunächst wirkte die Beflaggung auf die direkt an den Verabschiedungen Beteiligten am Kai, in dem sie eine ästhetische Rahmung oder Kulisse erzeugte. Damit wurde die Beflaggung ein Teil der Inszenierung, ohne die die gewünschte Wirkung nicht erzeugt werden konnte. Die Wirkung der Beflaggung war aber nicht nur auf das Hafenbecken selbst beschränkt geblieben. Es entstand als zweite Wirkung auch ein für Passanten von weit weg sichtbares Zeichen, dass wieder ein Transport am Petersenkai stattfand.[182] Durch die besondere Beflaggung der Schiffe im Baakenhafen wurde der Ort bewusst und auf einer sofort verständlichen Weise vom Alltag getrennt und somit Außenstehende und Teilnehmende auf den besonderen Moment verwiesen, der sich dort abspielte.

Neben der Beflaggung wurden in den Zeitungsberichten auch immer wieder die Uniformen der Soldaten beschrieben. Wie auf den Fotos weiter oben zu sehen ist, trugen die Soldaten die graue Schutztruppenuniform mit dem als »Südwestafrikanerhut« bekannten breitkrempigen Hut, bei dem eine Hälfte der Hutkrempe hochgeschlagen war. Mit dieser Uniform waren die Soldaten als besondere Akteure bei den Truppenverabschiedungen zu erkennen und das Bild mit den Soldaten am Kai hat sich grundlegend vom Alltagsbild unterschieden.

[181] StArch HH: 342-1 II_O XIII c.

[182] Hamburgischer Correspondent, Abendausgabe, Nr. 204, 20.04.1905, Beilage 1, S. 2; Altonaer Nachrichten, Abendausgabe, Nr. 488, 17.10.1904, S. 2.

Dieser Eindruck wurde laut Zeitungsberichten noch verstärkt, wenn ein großer Pferdetransport anstand. Für diese Pferde gab es eine große Begleitmannschaft, die sich aus verschiedenen Abteilungen der Kavallerie zusammensetzte und die dementsprechend alle unterschiedliche Uniformen trugen. Die Szenerie am Kai wurde in diesen Fällen als »farbenprächtiges Bild«[183] oder ein »lebensvoller, bunter Anstrich«[184] bezeichnet, um die Besonderheit herauszustellen. Auch die vielen Hundert zivilen Zuschauer dürften ein anderer Anblick als im Alltag gewesen sein. Sicherlich gab es auch bei den regulären Abfahrten und Ankünften der Passagierdampfer am Petersenkai größere Menschenmengen, aber ich denke nicht, dass es Hunderte von Zuschauern am Kai gab, die in Begleitung einer Musikkapelle gemeinsam nationalistische Lieder gesungen haben, um die Passagiere an Bord zu verabschieden. Auch waren die vielen Angehörigen unter dem Abschiedspublikum sicherlich besonders. Wahrscheinlich haben sich Familien verabschiedet, wenn sich jemand als Siedler*in in eine der Kolonien begeben hat, aber es waren vermutlich nicht so viele, wie bei einem einzelnen Transport.

Mit Hilfe der akustischen und visuellen Mittel entstand am Baakenhafen eine Situation, die sich grundlegend von der Alltagsszenerie unterschieden hat und mit der auf die besondere Bedeutung der Handlungen während den Truppenverabschiedungen verwiesen wurde. Beflaggung, Uniformen, die Musik und die gemeinsamen Hurra-Rufe waren wichtige Teile der Inszenierungen und sind Merkmale des Aufführungscharakters der Truppenverabschiedungen. Dabei wurde aus meiner Sicht vor allem eine Verbindung zwischen Soldaten und Zuschauer*innen erzeugt, die auch über die Distanz hinweg andauern sollte und gegenseitigen Respekt und Anerkennung beinhaltete. Diese Verbindung wird nochmals an den »Liebesgaben« des Senates deutlich, bei denen die Soldaten zumindest die Zigarrentaschen auch materiell mit in den Einsatz genommen haben.

»Liebesgaben« waren im Kaiserreich generell Spenden in Form von Lebensmitteln und Kleidung, die von der Zivilgesellschaft für die Soldaten an der Front gesammelt wurden, um diese in ihrem Kampf zu unterstützen. Vor allem im Kontext des Ersten Weltkriegs ist, laut Gerhard Kaufmann, über diese Form der »Liebesgaben« eine »Einbeziehung und emotionale Beteiligung« der Zivilgesellschaft am Krieg

183 Hamburger Nachrichten, Abendausgabe, Nr. 859, 06.12.1904, Beilage, S. 2.
184 Neue Hamburger Zeitung, Abendausgabe, Nr. 234, 20.05.1904, S. 10.

entstanden.[185] Ich verstehe daher die »Liebesgaben« hier vor allem als eine symbolische Verbindung zwischen ziviler Gesellschaft und Soldaten. Im Kolonialkrieg in DSWA wurde diese Form der »Liebesgaben« in einer Hauptsammelstelle in Hamburg vom Deutschen Roten Kreuz gesammelt und der Transport nach DSWA organisiert.[186] Dabei wurden bis September 1907 aus Hamburg insgesamt 20052 Kisten mit einem Volumen von 2680447 Kubikmeter nach DSWA verschifft und den Soldaten zugestellt.[187] In dieser Arbeit setze ich mich allerdings mit den »Liebesgaben« des Senats der Stadt Hamburg auseinander, die Spenden des Senats an die Soldaten waren und im Baakenhafen überreicht wurden. Auch wenn sich diese in verschiedenen Punkten von den »Liebesgaben« der zivilen Gesellschaft unterschieden, bleiben die Intention und die symbolische Wirkung gleich. Die »Liebesgaben« des Senats waren daher eine symbolische Verbindung zwischen der zivilen Regierung der Stadt Hamburg und den Soldaten und mit der Verteilung der »Liebesgaben« im Auftrag des Senats, hatte dieser damit eine aktiv gestaltende Rolle bei den Inszenierungen eingenommen. Auch die Bezeichnung »Liebesgabe« ist meiner Meinung nach in diesem Zusammenhang interessant, da damit symbolisch die Unterstützung der Hamburger Gesellschaft dargestellt und überreicht wurde. Der Senat war die offizielle Vertretung der Zivilgesellschaft Hamburgs und hat hier auf symbolischer Ebene im Auftrag dieser gehandelt. Damit waren auf diesen Taschen, mit der Aufschrift »Glückliche Ausfahrt, gesunde Heimkehr«, symbolisch die Wünsche der Hamburger Bewohner*innen an die Soldaten vermerkt. Ich verstehe die »Liebesgaben« hier vor allem als einen besonders deutlichen Ausdruck der symbolischen und emotionalen Verbindung zwischen Soldaten und Zivilgesellschaft, die bei den Inszenierungen erzeugt werden sollte.

Auf Reichsebene waren Vertreter*innen der Reichsverwaltung in Person der Inspektor*innen aus der Kolonialabteilung des Auswärtigen Amts in Berlin anwesend. In den Zeitungsartikeln tauchten die Inspektor*innen eher am Rand auf und die Rolle der Vertretung der Politik wurde durch die Vertreter*innen des Senats ausgeübt. Die Vertreter*innen der Reedereien haben im Vergleich dazu bei den eigentlichen Inszenierungen eine eher passive Rolle gespielt, in der sie mehr protokollarische Funktionen übernommen haben, wie die per-

185 Kaufmann 1994, S. 3.
186 Kommando der Schutztruppen im Reichs-Kolonialamt 1909, S. 167.
187 Ebd.

sönliche Begrüßung hochrangiger Gäste. Ich vermute aber, dass sie dafür in der Vorbereitung der Transporte über die Koordinierung und Organisierung der Reederei in die internen Prozesse eingebunden gewesen waren. Wie sich aus dem oben erwähnten Schreiben der Woermann-Linie vom 04.Juni 1904 an den Senat schließen lässt, waren sie auch an der Koordinierung mit weiteren Akteuren beteiligt, in dem sie zum Beispiel Zugangskarten an den Senat verschickte haben. Bei den Truppenverabschiedungen lassen sich aus analysierender Perspektive verschiedene beteiligte Gruppen ausmachen: Die militärische Seite mit den ausreisenden Truppen und den Vertreter*innen der Kommandoebene, die zur Verabschiedung kamen, die staatliche Seite mit den Vertreter*innen des Hamburger Senats und den Inspektor*innen des Auswärtigen Amts aus Berlin, die wirtschaftliche Seite mit den Vertreter*innen der Reedereien und die zivilgesellschaftliche Seite mit Angehörigen und Zuschauer*innen im Hafen. Diese verschiedenen Gruppen bildeten auf einer groben Unterteilungsebene den Kreis der Akteur*innen bei den Inszenierungen zu den Truppenverabschiedungen im Baakenhafen.

Insgesamt lassen sich einige Veränderungen über den Untersuchungszeitraum erkennen. Diese betreffen vor allem die Berichterstattung und die beteiligten Personen. Zu Beginn der Transporte im Januar 1904 waren einzelne Senatoren anwesend und noch im April 1904 war Bürgermeister Mönckeberg bei einer Verabschiedung,[188] während im späteren Verlauf des Kriegs die Rolle der Vertretung des Senats fast nur noch vom Leiter der Abteilung des Roten Kreuzes Karl Sauer übernommen wurde. Spätestens ab 1906 taucht in den Akten und den Zeitungsberichten vermehrt der Senatssekretär Anton Hagedorn auf, der mehr und mehr die Zuständigkeit für die Truppentransporte übernommen hat und auch bei diesen anwesend war. Anton Hagedorn war seit 1889 der Leiter des Staatsarchivs Hamburgs und wurde am 18. Februar 1891 zum Senatssekretär gewählt,[189] womit er nicht stimmberechtigtes Mitglied des Senats war und einer der ranghöchsten Beamten des Senats. Seine Hauptfunktion als Senatssekretär war die Organisation von Festen, die der Senat ausrichtete und die offizielle Vertretung des Senats bei Versammlungen und Festakten.[190]

Auch die Berichterstattung in den Zeitungen war im Januar 1904

[188] Hamburgischer Correspondent, Abendausgabe, Nr. 162, 07.04.1904, S. 10.
[189] Nirrnheim 1932, S. 318.
[190] Ders., S. 318f.

noch viel ausführlicher. In langen Beiträgen wurde teilweise detailliert und in einer sehr bildlich beschreibenden Weise über die Transporte berichtet. Im Verlauf des Kriegs hat dies immer weiter abgenommen und schon gegen Ende 1904 waren die Berichte auf circa die Hälfte gekürzt. Bis Ende 1905 wurden die Berichte über die Abschiede noch kürzer und waren vom Schreibstil stark auf die Wiedergabe der Fakten und der wichtigsten Informationen beschränkt. Über den letzten von mir gefundenen Truppenabschied aus Hamburg vom 15. Mai 1906 wurde dann nur noch in einem Satz berichtet:

> *»Die Abfahrt des Truppen- und Pferdetransports nach Deutsch-Südwestafrika erfolgte heute abend 8 Uhr vom Petersenquai mit den beiden Dampfern ›Eduard Woermann‹ und ›Montevideo‹, nachdem Exzellenz von Versen die Truppen verabschiedet und die Hamburger Kolonne des Roten Kreuzes die üblichen Liebesgaben des Senats verteilt hatte.«*[191]

Die Länge und Ausführlichkeit der Berichte nahm zwar stark ab, nicht aber die Anzahl der Berichte pro Transport. Die Transporte blieben eine Meldung, über die berichtet wurde und die von den Redakteur*innen anscheinend nicht übergangen werden konnte. Es gab seit Beginn der Transporte im Januar 1904 zu fast jedem von mir gefundenen Transport, entweder direkt am Vortag oder im Laufe der vorherigen Woche, eine Vorberichterstattung, in der mindestens das Datum und die Anzahl der Personen angekündigt und die Offiziersränge mit Namen genannt wurden. Auf diese Vorberichte folgte ein Bericht über die eigentliche Verabschiedung des Transports am selben oder am folgenden Tag. In den weiteren Tagen oder Wochen gab es oft eine kurze Nachberichterstattung, in der über den Reiseverlauf oder die Ankunft des Transports in DSWA knapp berichtet wurde.

Ein Grund für die kürzer werdenden Berichte dürfte sein, dass die Truppentransporte nach mehreren Wochen oder Monaten für die Zeitungsredaktionen keine »neuen Nachrichten« mehr waren. Vieles hat sich bei den Verabschiedungen wiederholt und so könnte es für die Zeitungsredaktionen nicht nötig gewesen sein jedes Mal aufs Neue einen langen, ausführlichen Bericht zu schreiben. Ein weiterer Grund war vermutlich ein Wandel der Wahrnehmung des Kriegs in den Redaktionen und deren Einstellung zu diesem. Der Hauptartikel auf Seite eins

[191] Hamburgischer Correspondent, Morgenausgabe, Nr. 246, 16.05.1906, Beilage, S. 2.

der Abendausgabe des Hamburgischen Correspondenten vom 20. Mai 1904 hatte zum Beispiel deutlich kritische Worte zu dem Erfolg des Verstärkungseinsatzes in DSWA unter neuer Führung von Lothar von Trotha gefunden.[192] In dem Artikel wurde zunächst bezweifelt, dass Lothar von Trotha in wenigen Monaten als Sieger aus DSWA zurückkommen wird, wie dieser gesagt haben soll. Anschließend wurde der ausführliche Bericht eines vermeintlichen Experten aus DSWA abgedruckt, der viele Probleme in der Kriegsführung nennt und wie diese zu beheben seien.[193]

Die Länge der Artikel war allerdings für eine bestimmte Funktion der Berichte nicht unbedingt relevant. Prinzipiell wurde mit dieser Berichterstattung die Bedeutung und Wirkung der Inszenierungen über den Hafen hinaus auf das Stadtgebiet erweitert und es wurden sogar Personen erreicht, die nicht im Hafen anwesend sein konnten. Über die Ankündigungen der nächsten Transporte wurde den Lesern immer wieder aufs Neue die Möglichkeit geboten, an den Inszenierungen teilzunehmen, ob nun zum ersten oder wiederholten Mal. Somit haben die Berichte dazu beigetragen, dass es ein Publikum bei den Transporten gab und ein öffentliches Interesse vorhanden war.

Dieses Interesse schien auch die Woermann-Linie zu haben. Bei meinen Recherchen bin ich auf eine kurze Zeitungsmeldung im Dezember 1904 gestoßen, in der über die neuen Plakate der Woermann-Linie für die Truppentransporte berichtet wurde:

> *»Die Woermann-Linie hat nach Entwürfen des bekannten Marine-Malers Willy Stöwer neue Plakate herstellen lassen, die die Abfahrt von Schutztruppen nach Südwestafrika darstellen. Die künstlerisch ausgeführten Plakate machen einen sehr gefälligen Eindruck.«*[194]

Leider wurde nicht erwähnt, was genau mit den Plakaten gemacht wurde, aber mir erscheint es sehr plausibel, dass diese im Stadtgebiet an Litfaßsäulen und anderen öffentlichen Orten aufgehängt wurden, um für die Truppentransporte Werbung zu machen. Die Bemerkung, dass es sich um neue Plakate handelte, legt zusätzlich nahe, dass es vorher schon diese Plakate und schon länger diese öffentlichen Be-

[192] Hamburgischer Correspondent, Abendausgabe, Nr. 234, 20.05.1904, S. 1.
[193] Ebd.
[194] Hamburgischer Correspondent, Abendausgabe, Nr. 601, 21.12.1904, Beilage 1, S. 2.

kanntmachungen der Transporte seitens der Woermann-Linie gab. Mit dem Künstler Willy Stöwer war für die Plakate einer der bekanntesten Marine-Maler des Kaiserreichs beauftragt worden, der schon seit Beginn seiner Karriere von Kaiser Wilhelm II. unterstützt wurde[195] und der neben Ölgemälden und einer sehr großen Menge an Illustrationen für Zeitschriften auch viele Plakatentwürfe geschaffen hat.[196] Trotz des damals großen Bekanntheitsgrades und des umfangreichen Werks des Künstlers ist es mir nicht gelungen, mehr über diese Plakate zu recherchieren. Über die genauen Intentionen vonseiten der Woermann-Linie – ob finanziell oder patriotisch, nationalistisch – kann ich daher an dieser Stelle keine gesicherten Aussagen machen. Aus der Tatsache, dass die Woermann-Linie solche Plakat hat drucken lassen, wird aber aus meiner Sicht die Absicht deutlich, die Truppenabschiede öffentlich bekannt zu machen, egal ob es wenige Plakate waren, die an ausgewählten Plätzen hingen oder ob es viele Plakate waren, die weit verbreitet im Stadtgebiet hingen.

3.1.2 Truppenempfänge

> *»Mit Recht hat unser Kaiserlicher Herr bei der Vereidigung der Garderekruten der jungen Mannschaft das ruhmvolle Verhalten der Afrikakrieger zur Nacheiferung empfohlen. Diese Kaiserliche Anerkennung darf Euch mit berechtigtem Stolz erfüllen, und ich weiß Euch deshalb bei der Rückkehr in die Heimat keinen besseren Willkommensgruß zu bieten, als der in dem alten Soldatenruf liegt, der Euch erklang, als Ihr von hier auszogt: Seine Majestät der Kaiser lebe hoch!«*
>
> *Hamburgischer Correspondent, Abendausgabe, Nr. 597, 19. Dezember 1904, Beilage 2, S. 1.*

Der Empfang der Truppen des Transports am 20. Juni 1905

Am 20. Juni 1905 traf um 18.15 Uhr der Postdampfer *Ernst Woermann* der Woermann-Linie am Petersenkai ein und wurde ganz am östlichen Ende des Kaiufers festgemacht.[197] Das Schiff hatte am 25. Mai 1905 um 14 Uhr den Hafen von Swakopmund verlassen[198] und war nach 27 Tagen

[195] Hormann 2001, S. 12.

[196] Ders., S. 8.

[197] Hamburgische Correspondent, Morgenausgabe, Nr. 310, 21.06.1905, Beilage 2, S. 1.

[198] Hamburger Nachrichten, Zweite Morgenausgabe, Nr. 429, 21.06.1905, Beilage 1, S. 1.

Reise mit einer unbekannten Anzahl ziviler Reisender,[199] 74 Soldaten der Schutztruppe[200] sowie zwei Soldaten des Marineexpeditionskorps[201] an Bord im Hamburger Hafen angekommen. Damit war der Transport im Vergleich zu späteren Transporten mit deutlich über 600 Soldaten zwar ein eher kleiner Transport, aber bis zu dem Datum war es der zweitgrößte Transport von Schutztruppensoldaten, der in Hamburg aus dem Krieg in DSWA angekommen war.[202] Bei der Einfahrt in den Hafen hatte das eigentlich zivile Schiff einen sogenannten »Heimatwimpel«[203] hoch oben am Schiff gehisst.[204] Leider ist der Wimpel in den Zeitungsartikeln nicht weiter beschrieben, aber in der Objektdatenbank des Deutschen Historischen Museums sind zwei solche Wimpel unter der Bezeichnung »Heimatwimpel der Reichsmarine« aufgelistet.[205] Dort sind zwei lange und schmale weiße Wimpel zu sehen, die auf der Befestigungsseite ein schwarzes »Eisernes Kreuz« aufgedruckt haben und deren Ende durch einen langen, spitz zulaufenden Einschnitt in zwei Spitzen geteilt ist. Vermutlich wurde mit dieser Beflaggung deutlich gemacht, dass das Schiff im Militäreinsatz war. Aus der Beschreibung in zwei Zeitungen als einen »mächtigen Heimatwimpel«[206] wird die beeindruckende Wirkung auf die Zuschauer*innen am Kai ersichtlich. Im anschließenden Teil werde ich noch weiter auf die Bedeutung und Wirkung der Wimpel, sowie deren weitere Verwendung eingehen.

Laut Hamburger Nachrichten bestand der Transport der Schutztruppe aus 58 einfachen Soldaten, zehn Offizieren, zwei Militärärzten und drei Beamten, die teilweise aus Krankheitsgründen zurücktrans-

199 General-Anzeiger für Hamburg-Altona, Nr. 143, 21.06.1905, S. 2.

200 Kommando der Schutztruppen im Reichs-Kolonialamt 1909, S. 242.

201 Hamburger Nachrichten, Zweite Morgenausgabe, Nr. 429, 21.06.1905, Beilage 1, S. 1.

202 Kommando der Schutztruppen im Reichs-Kolonialamt 1909, S. 242.

203 Der »Heimatwimpel« ist ein bis zu 120 m langer schmaler Wimpel, der am obersten Mast eines Marineschiffes angebracht wird, wenn dieses länger als ein halbes Jahr außerhalb der Hoheitsgewässer im Einsatz war. Dies ist einer von vielen Marinebräuchen (Äquator- oder Polarkreistaufe, etc.), die innerhalb der Marine gepflegt werden, aber nie Teil eines offiziellen Regelwerks geworden sind. Der Brauch des »Heimatwimpels« wird aktuell noch bei der Marine gepflegt. Vgl. hierzu zwei Pressemitteilungen der Marine: Presse- und Informationszentrum Marine 2013; dies. 2016.

204 Hamburgische Correspondent, Morgenausgabe, Nr. 310, 21.06.1905, Beilage 2, S. 1.

205 DHM Objektdatenbank, Inventarnummer Fa 69/3 und Fa 69/4.

206 Altonaer Nachrichten, Abendausgabe, Nr. 286, 21.06.1905, S. 3; Hamburgische Correspondent, Morgenausgabe, Nr. 310, 21.06.1905, Beilage 2, S. 1.

portiert wurden, teilweise weil sie Heimaturlaub bekommen hatten.[207] Zum Empfang der Truppen waren von militärischer Seite Hauptmann Kettler und Stabsarzt Simon als Vertreter des Oberkommandos aus Berlin gekommen, vonseiten des Senats war der erste Vorsitzende des Hamburger Roten Kreuzes Karl Sauer anwesend.[208] Gleich nach Ankunft des Schiffs gingen alle an Bord der *Ernst Woermann* und begrüßten die Soldaten. Als Teil der Begrüßung erhielten alle Soldaten durch Karl Sauer die »Liebesgaben« des Hamburger Senats, welche wie schon bei den Truppenverabschiedungen gefüllte Zigarrentaschen waren. Ebenfalls wie bei den Abschieden enthielt jede der Taschen Zigarren und es war das Hamburger Wappen auf diesen abgebildet, nur der Spruch war verändert und lautete: »Willkommen in der Heimat«.[209] Davor hielt Karl Sauer noch eine kurze Ansprache an Bord des Schiffes, in der er die Soldaten auf deutschem Boden willkommen hieß,[210] die aber leider in keinem der Artikel im Wortlaut abgedruckt wurde.

Die Soldaten wurden direkt an Bord medizinisch untersucht und dann entweder in den Urlaub entlassen oder in ein Militärkrankenhaus nach Berlin oder Altona überwiesen, je nachdem ob sie für längere Fahrten transportfähig waren oder nicht.[211] Laut Hamburgischer Correspondent erhielten alle zurückgekehrten Soldaten des Transports auf Kosten des Roten Kreuzes einen vier- bis sechswöchigen Urlaub in einem Badeort, den sie mit dem Stabsarzt abstimmen mussten, sowie einen neuen Zivilanzug für diesen Urlaub.[212] Die gesunden Soldaten des Transports erhielten vorher noch 14 Tage Urlaub, um Verwandte und Angehörige begrüßen zu können; während die schwer erkrankten Soldaten diesen Urlaub erst antraten, wenn sie dazu in der Lage waren.[213]

Generell wurde in den Berichten zu dem Truppenempfang weniger die Szenerie am Hafen selber beschrieben. Die Hamburger Nachrichten berichteten als einzige Zeitung, dass zahlreiche Zuschauer*innen die heimkehrenden Soldaten durch Hurra-Rufe schon beim Anlegen begrüßten und sich am Kai Familie und Freunde der Soldaten einge-

[207] Hamburger Nachrichten, Zweite Morgenausgabe, Nr. 429, 21.06.1905, Beilage 1, S. 1.

[208] Hamburgische Correspondent, Morgenausgabe, Nr. 310, 21.06.1905, Beilage 2, S. 1.

[209] Hamburger Nachrichten, Zweite Morgenausgabe, Nr. 429, 21.06.1905, Beilage 1, S. 1.

[210] Ebd.

[211] Ebd.

[212] Ebd.

[213] Ebd.

funden hatten.[214] Ansonsten enthalten die Artikel so gut wie keine Eindrücke oder Beschreibungen der Stimmung am Kaiufer während des Empfangs der Soldaten. Aus den Artikeln wird es nicht ganz klar, aber vermutlich waren die Anwesenden am Kaiufer vornehmlich Familienangehörige der Offiziere, denn diese durften noch am selben Tag abreisen, während die restlichen Soldaten bis zu ihrer Untersuchung am nächsten Tag an Bord bleiben mussten.[215]

Mit diesem Transport war auch die »Schwester Mary Jones« aus DSWA zurückgekommen, die ebenfalls am Kai Empfangen wurde.[216] Mary Jones war am 30.Januar 1904 mit dem ersten Transport aus Hamburg zusammen mit den Soldaten ausgereist, um laut Hamburgischer Correspondent als Krankenpflegerin in dem Genesungsheim in Abbabis während des Kriegs tätig zu sein.[217] Sie war nach Hamburg zurückgereist, da sie selber erkrankt war und nun im Kaiserreich einen Erholungsurlaub machen wollte, um daraufhin wieder direkt in die Kolonie zu fahren.[218] Zur Unterstützung des militärischen Sanitätsdiensts in DSWA hatten sich ebenfalls mit Kriegsbeginn im Januar 1904 Freiwillige gemeldet, die zum großen Teil aus Personal vom Roten Kreuz, einigen katholischen Nonnen und »sonstigen Krankenpflegerinnen« bestanden.[219] Vermutlich war Mary Jones – oder Marie Jonas bzw. Mary Jonas, wie sie noch in den Zeitungsberichten vom Januar 1904 hieß[220] – eben solch eine freiwillige Krankenpflegerin, da im Sanitätsbericht von 1909 als Personal für das Genesungsheim in Abbabis mehrere freiwillige Krankenschwestern angegeben wurden.[221] In den Zeitungen aus dem Januar 1904 wurde nur berichtet, dass die sechs ausreisenden Frauen als Krankenschwestern nach DSWA gingen, ohne einen genaueren Zielort zu nennen oder die Frage zu beantworten, ob die Frauen sich freiwillig für den Einsatz meldeten.[222]

Bei der Rückkehr von Mary Jones im Juni 1905 gab es am Kai ein extra Empfangskomitee für sie, welches aus fünf Frauen mit unterschied-

[214] Ebd.
[215] Ebd.
[216] Hamburgischer Correspondent, Morgenausgabe, Nr. 310, 21.06.1905, Beilage 2, S. 1.
[217] Ebd.
[218] Ebd.
[219] Kommando der Schutztruppen im Reichs-Kolonialamt 1909, S. 166f.
[220] Hamburgischer Correspondent, Abendausgabe, Nr. 50, 30.01.1904, S. 4; Hamburger Nachrichten, Abendausgabe, Nr. 75, 30.01.1904, S. 6.
[221] Kommando der Schutztruppen im Reichs-Kolonialamt 1909, S. 167.
[222] Hamburgischer Correspondent, Abendausgabe, Nr. 50, 30.01.1904, S. 4.

lichen Funktionen bestand: aus Berlin die Schwester des Direktors der Kolonialabteilung des Auswärtigen Amts Frau Stübel sowie Frau von Elbe und aus Hamburg die Oberschwester des Eppendorfer Krankenhauses Frau von Klaß, die Frau des Kapitäns zur See Draeger und Frau Dr. Böninger.[223] Des Weiteren waren sieben Vorstandsmitglieder des Hamburger Frauenvereins anwesend, die einen Lorbeerkranz mit schwarz-weiß-roter Schleife überreichten[224] und laut dem Hamburgischen Correspondenten wurde noch ein Erinnerungsfoto am Kai aufgenommen.[225] Leider wurde in den Zeitungsberichten nicht mehr zu den einzelnen Frauen oder dem genaueren Ablauf geschrieben und auch nicht weiter erläutert, warum das Empfangskomitee von Mary Jones nur aus Frauen bestand, obwohl sie und die anderen Krankenschwestern bei der Abfahrt, wie die Soldaten der Schutztruppe, von Karl Sauer betreut und auch gemeinsam mit den Soldaten verabschiedet wurden.[226] Diese andere Behandlung von Mary Jones hängt mit den damaligen Geschlechterbildern zusammen, in denen eine räumliche und rituelle Trennung der Geschlechter – zum Beispiel getrennte Schulen, Sportvereine, Badeanstalten, etc. – eingefordert wurde und aus deren Perspektive ein besonderer Empfang der weiblichen Kriegsbeteiligten in Hamburg Sinn ergeben würde.

Ebenfalls mit an Bord des Schiffs war die Leiche des in DSWA verstorbenen Major Karl Osterhaus, die über den Hamburger Hafen nach Koblenz überführt wurde, wo die Beisetzung in das Familiengrab sowie die militärische Trauerfeier und Parade stattfinden sollte.[227] Im Unterkapitel zu den sogenannten »Leichenfeiern« am Petersenkai werde ich noch genauer auf die Transporte der Leichen aus DSWA eingehen. Am 20. Juni 1905 wurde die Leiche »nur« vom Schiff in einen Eisenbahnwaggon transportiert, wofür zwar keine Feier abgehalten wurde, es aber trotzdem eine kleine Zeremonie gab. Die Leiche wurde in einem »Parade-Metallsarg« vom Schiff hinunter transportiert und von den Sargträgern in einen bereitstehenden Eisenbahnwaggon gebracht, der mit schwarzem Stoff verkleidet und mit grünen Pflanzenschmuck

[223] Hamburgischer Correspondent, Morgenausgabe, Nr. 310, 21.06.1905, Beilage 2, S. 2.
[224] Hamburger Nachrichten, Zweite Morgenausgabe, Nr. 429, 21.06.1905, Beilage 1, S. 1.
[225] Hamburgischer Correspondent, Morgenausgabe, Nr. 310, 21.06.1905, Beilage 2, S. 2.
[226] Hamburgischer Correspondent, Abendausgabe, Nr. 50, 30.01.1904, S. 4.
[227] Neue Hamburger Zeitung, Abendausgabe, Nr. 286, 21.06.1905, Beilage 1, S. 1.

geschmückt war.[228] Die gesamte Überführung wurde von dem Hamburger Beerdigungsinstitut J. B. August Ertel jr. durchgeführt und laut Zeitungsbericht gab es keine weiteren Feierlichkeiten oder Gedenken am Kai.[229]

Gemeinsamkeiten und Besonderheiten im Verhältnis zu weiteren Truppenempfängen am Petersenkai

Wie schon erwähnt sind in Hamburg hauptsächlich kleinere Truppentransporte angekommen: Von den insgesamt 34 Transporten hatten 20 Transporte eine Stärke von unter 100 Soldaten, während von den zwölf Transporten nach Cuxhaven kein einziger unter 100 Soldaten lag. Bei diesen kleineren Transporten waren die Schiffe nicht komplett mit Soldaten ausgelastet und es waren noch Kapazitäten für weitere Passagiere an Bord frei. Die Zusammensetzung der heimkehrenden Transporte war heterogener im Vergleich zu den Abfahrten der Truppen aus Hamburg, die oft nur aus Militärangehörigen bestanden. Dies wird auch an dem Transport vom 20.Juni 1905 deutlich: Hier gab es an Bord neben kranken und verwundeten Soldaten, noch Soldaten, die auf dem Weg in ihren Heimaturlaub waren, eine nicht weiter bezifferte Anzahl von zivilen Passagieren, die Krankenschwester Mary Jones und es wurde noch eine Leiche aus DSWA transportiert. Im Allgemeinen wurden die Truppen mit den fahrplanmäßigen Dampfern der Woermann-Linie befördert, die zweimal im Monat aus der Kolonie abfuhren,[230] was die unterschiedliche Zusammensetzung erklärt, da alle aus der Kolonie Reisenden auf die gleichen Schiffe angewiesen waren. Ich habe lediglich acht Transporte gefunden, bei denen hauptsächlich Soldaten befördert wurden. Dies sind gleichzeitig auch – bis auf die Rückkehr General Deimlings im Mai 1907 – die letzten acht Transporte, die ich für Hamburg gefunden habe, bevor ab Ende September 1906 die Truppentransporte in Cuxhaven gelandet wurden. Zusätzlich waren unter den letzten Transporten auch die bei Weitem größten Transporte, die in Hamburg angekommen sind, was damit zusammenhing, dass ab Mitte 1906 begonnen wurde, die Anzahl der Truppen in DSWA planmäßig zu verringern.[231]

Der bei dem Transport am 20.Juni 1905 erwähnte »Heimatwimpel« am Mast der *Ernst Woermann* war das einzige eindeutige visuelle Zei-

[228] Ebd.
[229] Ebd.
[230] Kommando der Schutztruppen im Reichs-Kolonialamt, 1909, S. 163.
[231] Dies., S. 161.

chen, dass ich bei den rückkehrenden Transporten gefunden habe. Ein solcher Wimpel wurde noch bei drei weiteren Rücktransporten erwähnt: am 24. Juli 1905 sowie 28. März und 16. Mai 1906.[232] Alle vier Transporte waren mit 54 bis 120 zurücktransportierten Soldaten[233] eher mittelgroße Transporte und wurden mit Schiffen des regulären Liniendiensts der Woermann-Linie durchgeführt. Wie weiter oben schon erläutert, kommt der Brauch des »Heimatwimpels« aus der militärischen Seefahrt und es ist interessant, dass er trotzdem auf den eigentlich zivilen Schiffen durchgeführt wurde. Zusätzlich gehörten die Schutztruppensoldaten auch nicht der Marine an, sondern zählten zu den Landstreitkräften, womit auch eine militärinterne Aufteilung der Truppengattungen übergangen wurde. Da es sich bei diesem Brauch anscheinend um eine eher informelle Tradition handelt, konnte ich kein Regelwerk recherchieren, in dem die genaue Durchführung und Bedeutung festgehalten ist. Wahrscheinlich sind die Regeln für militärische Bräuche in einem gewissen Rahmen flexibel und werden veränderten Umständen angepasst. Dies wäre auch eine Erklärung, warum Infanteriesoldaten diesen Brauch auf einem zivilen Schiff durchgeführt haben. Ich verstehe diese Beflaggung vor allem als ein prägnantes Zeichen für die enge Verbindung zwischen Militär und Woermann-Linie zu dieser Zeit.

Laut den Pressemitteilungen der Marine, zu der heutigen Verwendung des »Heimatwimpels«, wird es von den Besatzungen als eine »besondere Ehre« empfunden diesen Brauch durchführen zu dürfen[234] und sie empfinden dabei »großen Stolz«[235]. Diese Bedeutung und Wahrnehmung wird aus meiner Sicht in sehr ähnlicher Form auch bei den Transporten 1905 und 1906 im Baakenhafen bei der Besatzung empfunden worden sein und die Wirkung auf die Besucher*innen am Hafen war vermutlich ähnlich. Zumindest wurde mit diesem Wimpel bei den vier Transporten ein weithin sichtbares Zeichen geschaffen, dass ein Truppenrücktransport stattgefunden hat und die Soldaten in Empfang genommen wurden.

Bei keinem der Rücktransporte wurde von einer anwesenden Musikkapelle berichtet oder davon, dass Lieder bei der Ankunft gesungen wurden. Dies hing vermutlich damit zusammen, dass in Hamburg vornehmlich

[232] Vgl.: Hamburgischer Correspondent, Abendausgabe, Nr. 372, 24.07.1905, Beilage 1, S. 2; Hamburgischer Correspondent, Abendausgabe, Nr. 372, 28.03.1906, Beilage 1, S. 2; Hamburgischer Correspondent, Abendausgabe, Nr. 247, 16.05.1906, Beilage 1, S. 2.

[233] Kommando der Schutztruppen im Reichs-Kolonialamt 1909, S. 242.

[234] Presse- und Informationszentrum Marine 2016.

[235] Presse- und Informationszentrum Marine 2013.

kranke und verletzte Soldaten – die teilweise auch Invalide waren – ankamen und aus Rücksichtnahme oder Pietätsgründen die Ankunft ruhiger gestaltet wurde. In Cuxhaven, wo vor allem große Truppentransporte ankamen, deren Dienstzeit aufgrund der Truppenverkleinerungen beendet war, hat laut Neuer Hamburger Zeitung die Matrosen-Artillerie-Kapelle während einer Ankunft gespielt.[236] Es war also prinzipiell nicht unüblich, dass es Musik bei einer Truppenankunft gab.

Es wurde aber mehrfach, ähnlich wie bei den Truppenverabschiedungen, von gemeinsamen Hurra-Rufen und »Hochleben lassen« berichtet. Wie oben erwähnt, wurden am 20. Juni 1905 die Soldaten so begrüßt. Bei weiteren Empfängen ist auch wieder über das »Hochleben lassen« berichtet worden. Zum Beispiel gab es am 26. August 1905 am Schluss der Begrüßungsrede von Karl Sauer ein »Hoch« auf die »Afrikakrieger«[237] und am 19. Dezember 1904 ein »Hoch« auf den Kaiser.[238] Allerdings wurde auf dieses »Hochleben lassen« verzichtet, wenn eine Leiche an Bord war,[239] was erklärt weshalb es bei dem Empfang am 20. Juni 1905 zwar die Hurra-Rufe der Zuschauer gab, aber kein »Hochleben lassen« bei der Begrüßung durch Karl Sauer.

Generell schien die Stimmung beim Empfang der Rücktransporte ruhig und wenig euphorisch zu sein. In der Berichterstattung über die Transporte sind kaum Beschreibungen zu finden, in denen Eindrücke von der Stimmung berichtet wurden, unabhängig ob ein Transport mit vielen oder wenigen Soldaten eintraf. Auch in vergleichsweise langen Berichten wurde wenig auf die Stimmung am Kai eingegangen, wie zum Beispiel bei einem der ersten Transporte, der in Hamburg ankam, vom 19. Dezember 1904. Bei allen vier von mir untersuchten Zeitungsartikeln wurden die groben Fakten genannt – wer ist zurückgekommen, wer war dabei anwesend und wie war der Ablauf? – und darüber hinaus Eindrücke vom Gesundheitszustand der Soldaten gegeben.[240] Bei diesem Transport ist der Hauptmann Victor Franke aus DSWA zu-

[236] Neue Hamburger Zeitung, Morgenausgabe, Nr. 430, 26.09.1906, S. 2.

[237] Hamburgischer Correspondent, Abendausgabe, Nr. 434, 26.08.1905, Beilage 1, S. 2.

[238] Hamburgischer Correspondent, Abendausgabe, Nr. 597, Beilage 2, S. 1.

[239] Hamburgischer Correspondent, Abendausgabe, Nr. 306, 19.06.1906, Beilage 1, S. 2.

[240] Hamburgischer Correspondent, Abendausgabe, Nr. 596, 19.12.1904, Beilage 2, S. 1, Hamburger Nachrichten, Abendausgabe, Nr. 892, 19.12.1904, S. 3; Neue Hamburger Zeitung, Abendausgabe, Nr. 594, 19.12.1904, S. 2; Altonaer Zeitung, Abendausgabe, Nr. 594, 19.12.1904, S. 2.

rückgekehrt[241] und ich konnte mehrere Fotos aus dem Bundesarchiv Koblenz diesem Transport zuordnen, auf denen die Begrüßung von Victor Franke an Deck der *Ernst Woermann* zu sehen ist. Die Fotos stammen alle aus dem Bildbestand des Nachlasses von Victor Franke im Bundesarchiv und sind original Abzüge des Hamburger Fotoateliers *Atelier Schaul*.[242]

Auf diesem Bild sind auf der linken Seite gut die Kaianlage des Petersenkais zu erkennen mit den Portalkränen und den Eisenbahnschienen direkt am Kaiufer. An Deck des Schiffs stehen 20 bis 30 Leute locker verteilt in kleinen Gruppen oder alleine und warten entweder ab oder unterhalten sich. Insgesamt wirkt die Stimmung auf mich eher informell und keinem vorgegebenen Ablauf folgend. Ebenfalls links an der Reling des Schiffs sind zwei Schutztruppensoldaten in Uniform mit »Südwestafrikanerhut« zu erkennen; einer am unteren Bildrand mit dem Rücken zur Kamera und einer im Profil in der Nähe des Lauf-

Empfang und Begrüßung von Victor Franke.
(Quelle: Bundesarchiv: N 1030 Bild-039; Foto: o. Ang. 1903/1914 ca.)

[241] Hamburgischer Correspondent, Abendausgabe, Nr. 596, 19.12.1904, Beilage 2, S. 1.

[242] BArch: N 1030 Bild -039; N 1030 Bild-040.

stegs. Fast alle Personen scheinen die Kamera zu ignorieren und nur ein Mann am rechten Bildrand blickt direkt in die Kamera.

In der unteren Bildmitte ist eine Gruppe von fünf Männern zu sehen, die sich gerade unterhalten, und die Person auf der rechten Seite der Gruppe in Uniform und mit schwarzen Handschuhen ist sehr wahrscheinlich Victor Franke. Leider ist zu dem Foto nicht festgehalten worden, wer alles darauf zu sehen ist, aber in demselben Bildbestand von Victor Franke im Bundesarchiv ist ebenfalls ein Porträt von Franke enthalten.[243] Nach einem Vergleich weiterer Bilder aus dem Bestand komme ich zu der Annahme, dass dies Victor Franke ist. Wahrscheinlich unterhält sich Franke auf diesem Bild gerade mit Adolph Woermann, der bei dem Empfang anwesend war.[244] Dies wird auf dem nächsten Bild etwas deutlicher, auf dem sich beide gerade die Hand schütteln.

Zwar ist Adolph Woermann auf beiden Fotos nur von schräg hinten

Begrüßung von Victor Franke durch Adolph Woermann.
(Quelle: Bundesarchiv: N 1030 Bild-040; Foto: o. Ang. 1903/1914 ca.)

[243] BArch: N 1030 Bild-001.

[244] Hamburgischer Correspondent, Abendausgabe, Nr. 596, 19.12.1904, Beilage 2, S. 1.

zu sehen, aber in Verbindung mit den Zeitungsartikeln gehe ich davon aus, dass die Person auf den Fotos Adolph Woermann ist. Auf diesem Foto ist am oberen rechten Rand im Hintergrund das Hafenbecken des Baakenhafens zu erkennen, mit den damals noch typischen Duckdalben zum Festmachen der Schiffe, als ein zusätzlicher Liegeplatz im Hafenbecken. Im Hintergrund ist relativ unscharf der Versmannkai zu erkennen, mit der Kaimauer, einem älteren Kranmodell[245] und direkt dahinter einem Kaischuppen. Dies sind weitere Indizien dafür, dass es sich bei den Fotos um die Ankunft von Victor Franke am Petersenkai handelt.

Aus meiner Sicht verstärken beide Fotos noch einmal den Eindruck aus den Zeitungsartikeln, dass die Stimmung bei dem Empfang eher ruhig war und der Empfang vor nicht viel Publikum stattgefunden hat. Im Allgemeinen wurde wenig vom Publikum bei den Empfängen berichtet, aber auch über den Zustand der Soldaten wurde nur in wenigen Artikeln geschrieben und somit sind die Beschreibungen des Gesundheitszustands der Soldaten in den Zeitungsartikeln zu diesem Transport etwas Besonderes. Warum die Beschreibungen immer weniger auftauchen, wird nicht erklärt, aber es ist zu vermuten, dass es vonseiten des Militärs nicht gewünscht war über die verwundeten und kranken deutschen Soldaten aus dem Krieg zu schreiben.

In dem Zusammenhang, was und wie über die Soldaten geschrieben wurde, ist hier die Rede von Karl Sauer an die zurückgekehrten Soldaten im Namen des Hamburger Senats interessant. Diese Rede wurde im Hamburgischen Correspondenten komplett abgedruckt und hier wurden die Verletzungen und Verluste nur indirekt angesprochen.[246] Sauer betonte in der Rede vielmehr, wie die Soldaten angeblich typisch deutsche Eigenschaften bewiesen hätten, wie Treue, Pflichtbewusstsein, Mut und Ausdauer und stellte explizit einen Zusammenhang zu den Soldaten aus dem früheren Krieg von 1870/71 her:

»Schwer war die Zeit, die hinter euch liegt, sie war reich an Ge-

[245] Im Unterschied zum Petersenkai waren am Versmannkai noch die älteren Kräne im Betrieb, die noch auf zwei Schienen am Kaiufer längs fuhren und nicht auf einem Portalausleger am Kaiufer. Vgl. hierzu: Bubendey/Lorenzen 1912/14, S. 41f.

[246] Hamburgischer Correspondent, Abendausgabe, Nr. 597, 19.12.1904, Beilage 2, S. 1.

fahren für Leben und Gesundheit, reich an gewaltigen Anstrengungen und großen Entbehrungen, ergebnisreicher aber noch an pflichttreuer Arbeit im Dienste für Kaiser und Reich, an Heldenmut und Heldentaten. [...] Stolz blickt unser Volk heute auf seine tapfern Söhne im fernen Afrika. Sie haben von neuem gezeigt, daß deutsche Tapferkeit, deutsche Pflichttreue und deutscher Mut noch ebenso ein Besitztum unseres Heeres sind wie in jener großen Zeit von 1870/71.«[247]

Nach der Rede erhielten die Soldaten wieder die »Liebesgaben« des Senats in Form der schon erwähnten Zigarrentaschen, was bei nahezu allen von mir gefunden Berichten über die Ankünfte von Truppen passiert ist. Diese »Liebesgaben« in Form der Zigarrentaschen und die Begrüßung durch Karl Sauer im Namen des Senats waren zwei Konstanten, die sich immer wieder bei den Ankünften der Soldaten wiederholt haben. Dabei war dies nicht die einzige Unterstützung, die die Soldaten erhielten. Wie schon zum 20. Juni 1905 erwähnt, haben einige Soldaten Unterstützung in Form einer Badekur erhalten. Laut Sanitätsbericht des Reichskolonialamts wurde von Beginn der Rücktransporte bis zum Herbst 1909 insgesamt 911 Soldaten die Badekur komplett bezahlt und weitere 205 Soldaten mussten nur einen Teil der Kosten selber tragen.[248] Dabei haben laut des Berichts den Großteil der Kosten anscheinend die jeweiligen Bade- oder Heilanstalten sowie Erholungsorte getragen und das Deutsche Rote Kreuz hat die restlichen Kosten übernommen.[249] Leider wurde in dem Bericht keine genaue Summe der Kosten angegeben oder wie der Anteil vom Roten Kreuz finanziert wurde. Allerdings wird in dem Sanitätsbericht auf verschiedene Tätigkeitsberichte des preußischen Landesvereins des Roten Kreuzes über die einzelnen Vereine hingewiesen, in denen weitere Auskünfte zur Versorgung der ehemaligen Schutztruppensoldaten im Deutschen Kaiserreich durch das Rote Kreuz enthalten sein sollen.[250] Im Rahmen dieser Arbeit konnten diese Quellendokumente nicht mehr ausgewertet werden, aber für weiterführende Auseinandersetzungen wären diese Berichte sehr interessant.

Nach den medizinischen Untersuchungen der Soldaten im Baaken-

[247] Ebd. Eine ungefähr gleich lautende Rede hatte Karl Sauer schon knapp einen Monat früher am 15.11.1904 gehalten. Vgl. hierzu: Hamburgischer Correspondent, Morgenausgabe, Nr. 539, 16.11.1904, Beilage 2, S. 1.

[248] Kommando der Schutztruppen im Reichs-Kolonialamt 1909, S. 167f.

[249] Ebd.

[250] Dies., S. 168.

hafen wurden nur die schwersten nicht länger transportfähigen Fälle in das Militärkrankenhaus nach Altona gebracht, während alle anderen weiter transportiert wurden.[251] Den Empfang der schwer verletzten Soldaten in Hamburg und den Transport vom Baakenhafen nach Altona übernahm die Hamburger Abteilung des Roten Kreuzes, bei der sich dafür im Sanitätsbericht ausdrücklich vom Reichs-Kolonialamt bedankt wurde.[252] Weniger akute Fälle kamen zur Beobachtung ins Berliner Militärkrankenhaus.[253] Die übrigen Soldaten kehrten entweder nach ihrem Urlaub und eventueller Badekur wieder in ihre ursprünglichen Militäreinheiten zurück oder schieden als Kriegsinvalide komplett aus dem Militärdienst aus.[254] Die Auflösung der Truppentransporte im Baakenhafen war dabei noch ein Teil der Ankunft der Soldaten aus DSWA, der im Vergleich zur Begrüßung der Soldaten eher vom formalen verwaltungstechnischen Vorgehen geprägt war. Aber auch darüber wurde geschrieben, wobei weniger über den Gesundheitszustand der Soldaten berichtet wurde, als viel mehr über ihren Verbleib und ihre weitere Betreuung. In den Zeitungsartikeln stand die staatliche Versorgung der Soldaten nach ihrem Einsatz im Mittelpunkt und weniger das Schicksal einzelner Soldaten.

In den ersten ausführlichen Berichten zum Rücktransport vom 19. Dezember 1904 wurden interessanterweise fast nur die Zigarren vom Senat erwähnt, während im Jahr 1905 schon die Fürsorge durch das Rote Kreuz im Mittelpunkt stand und es immer wieder erklärt wurde, dass die Urlaube vom Roten Kreuz und vom Armeekorps bezahlt wurden, die Soldaten neue Anzüge erhielten und sie währenddessen den höheren Sold, wie beim Dienst in der Kolonie erhielten.[255] Bei den Transporten aus dem Jahr 1906 veränderte sich dies dann wieder, als zum Großteil Truppenteile mit weniger Verletzten zurückkamen.[256]

Generell hat sich die Berichterstattung in den Zeitungen im Verlauf des Kriegs verändert. Zu Beginn wurde sehr wenig berichtet und der erste Transport nach Hamburg wurde sogar nur in den Schiffslisten

[251] Dies., S. 165.

[252] Ebd.

[253] Hamburgischer Correspondent, Abendausgabe, Nr. 434, 26.08.1905, Beilage 1, S. 2.

[254] Kommando der Schutztruppen im Reichs-Kolonialamt 1909, S. 165.

[255] Hamburgischer Correspondent, Morgenausgabe, Nr. 310, 21.06.1905, Beilage 2, S. 1; Hamburgischer Correspondent, Abendausgabe, Nr. 372, 24.07.1905, Beilage 1, S. 2; Hamburgischer Correspondent, Abendausgabe, Nr. 434, 26.08.1905, Beilage 1, S. 2.

[256] Neue Hamburger Zeitung, Abendausgabe, Nr. 345, 26.07.1906, Beilage 1, S. 2.

erwähnt, in denen alle ein- und ausfahrenden Schiffe für den Hafen gelistet wurden.[257] Im nächsten Jahr wurden die Berichte etwas ausführlicher, während im folgenden Jahr 1906 die Berichte über die zahlenmäßig größten Rücktransporte nach Hamburg wieder kurz und vom Stil eher formalisiert waren.[258]

3.1.3 Empfänge von Generälen

»Die Heimkehr des Generals v. Trotha.
[...] Und so kehrt der General heim als ein Heerführer, der auf den Dank des Vaterlandes vollsten Anspruch hat. Aber er hat dem Vaterland nicht nur sein scharfes Schwert geliehen, er hat ihm auch persönlich schwere Opfer gebracht. [...] So verbietet sich jeder geräuschvolle Jubel von selbst, aber der stille Gruß, mit dem das Vaterland den Heimkehrenden empfängt, wird dadurch umso herzlicher und Hamburg ist stolz darauf, ihm diesen Gruß im Namen des deutschen Volkes entbieten zu dürfen.«
Hamburgischer Correspondent, Morgenausgabe, Nr. 633, 13. Dezember 1905, S. 1.

»General v. Deimlings Heimkehr.
Zum zweiten Male betritt in Hamburg ein vom südwestafrikanischen Kriegsschauplatz zurückkehrender General, der auf eine Reihe schöner Erfolge im Dienste des Vaterlandes zur Niederwerfung der Aufstandsbewegung in jenem Schutzgebiet zurückblicken kann, wieder heimatlichen Boden. [...] Wir heißen General v. Deimling auf heimatlichen, auf hamburgischen Boden herzlich willkommen.«
Hamburgischer Correspondent, Abendausgabe, Nr. 221, 02. Mai 1907, S. 1.

Empfang des Generals Lothar von Trotha am 15. Dezember 1905

Am 15. Dezember 1905 um 4 Uhr morgens traf die *Prinzregent* mit Lothar von Trotha und einem sechsköpfigen Offiziersstab an Bord im Hamburger Hafen ein und wurde am Petersenkai am Liegeplatz

[257] Neue Hamburger Zeitung, Morgenausgabe, Nr. 475, 09.10.1904, S. 4.
[258] Hamburgischer Correspondent, Morgenausgabe, Nr. 432, 26.08.1906, Beilage 2, S. 1.

vor Schuppen 28 festgemacht.[259] Der feierliche Empfang des Generals sollte erst um 9 Uhr beginnen, weswegen zu der frühen Uhrzeit kein Begrüßungskomitee am Kaiufer war. Damit der Empfang geplant werden konnte, wurde der Hamburger Senat schon sechs Tage früher schriftlich über die Ankunft Trothas für den 12. Dezember 1905 durch das Generalkommando des IX. Armeekorps in Altona informiert.[260] Aufgrund von Nebel hatte sich die Weiterfahrt des Schiffs auf der Rückreise mehrmals verzögert[261] und die tatsächliche Ankunft in Hamburg war erst drei Tage später. Bereits einen Tag vor der Ankunft, am 14. Dezember 1905, wurde der Petersenkai abgesperrt und mit den Vorbereitungen für die Empfangsfeier begonnen[262]: Der Schuppen 28 wurde leer geräumt und in den Nationalfarben schwarz-weiß-rot mit Flaggentüchern und Girlanden sowie verschiedenen Nationalfahnen ausgeschmückt.[263] Im Morgengrauen hatten sowohl die *Prinzregent* als auch alle anderen Schiffe im Baakenhafen die besondere Festbeflaggung »Über die Toppen« geflaggt[264] und es entstand damit die gleiche festliche Rahmung und Wirkung im Hafenbecken wie bei den Truppenabschieden.

Um 8.30 Uhr kam die Musikkapelle des Regiments »Hamburg« Nr. 76 an den Kai vor der hinteren Gangway des Schiffs und laut Neuer Hamburger Zeitung waren am Kai viele Polizisten notwendig, um das zahlreiche Publikum zu ordnen.[265] Diese Gangway, vor der die deutsche Kriegs- und die Handelsflagge gehisst waren,[266] ging um 9 Uhr Lothar von Trotha mit den Offizieren an den Kai hinunter und nahm gegenüber den im Halbkreis positionierten Vertreter*innen der Stadt und des Militärs Aufstellung. Für den Hamburger Senat war Bürgermeister Burchardt und Senator Lappenberg anwesend und für Altona Oberbürgermeister Tettenborn, für das Oberkommando aus Berlin waren der Chef des Stabs der Schutztruppen Oberst Ohnesorg sowie Major Puder anwesend und für die Woermann-Linie und Deut-

259 Hamburgischer Correspondent, Abendausgabe, Nr. 638, 15.12.1905, Beilage 1, S. 1.

260 StArch HH: 342-1 II_O XIII c.

261 Hamburgischer Correspondent, Abendausgabe, Nr. 634, 13.12.1905, S. 2; Hamburgischer Correspondent, Morgenausgabe, Nr. 635, 14.12.1905, S. 9.

262 General-Anzeiger für Hamburg-Altona, Nr. 294, 15.12.1905, S. 2.

263 Neue Hamburger Zeitung, Abendausgabe, Nr. 588, 15.12.1905, S. 5.

264 Ebd.

265 Ebd.

266 Ebd.

sche Ostafrika-Linie waren Adolph und Eduard Woermann,[267] sowie die Direktoren Arnold Amsinck und Adolph Hertz anwesend.[268] Von der militärischen Seite waren auf Befehl alle Generäle und Offiziere der Garnison Altona-Hamburg-Wandsbek mit ihren Adjutanten anwesend,[269] sowie der Oberkommandierende des IX. Armeekorps General von Bock und Polach, der die Ansprache an Trotha hielt.[270]

In seiner Rede begrüßte er General von Trotha und die Offiziere im Auftrag des Kaisers und machte deutlich, welche Ehre dies für ihn sei.[271] Die während des Kriegs ausgeführten Taten und Aktionen, sowohl der Schutztruppensoldaten als auch die Trothas, wurden in der offiziellen Rede des Oberkommandierenden als »stolze Taten« bezeichnet und die Soldaten haben »durch heldenhaftes Verhalten vor dem Feinde« etwas »Bewundernswertes geleistet und damit den guten Ruf des deutschen Feldsoldaten erneut zu hohem Ansehen und Ehren gebracht«[272]. Für diese Taten hatte der Kaiser schon vor der Ankunft per Kabinettsorder den höchsten Orden »Pour le Mérite« an General von Trotha verliehen, welcher diesem während der Rede durch den Oberst Ohnesorg angeheftet wurde.[273] Am Ende seiner Rede hat der Oberkommandierende alle Anwesenden zu einem dreifachen Hoch auf General von Trotha und alle Schutztruppensoldaten aufgefordert, womit der »wärmste Dank des gesamten Vaterlandes« symbolisiert werden sollte.[274] Direkt nach den Rufen begann die Musikkapelle »Deutschland, Deutschland über alles« zu spielen und am Ende des Lieds hat General von Trotha eine Rede gehalten, in der er deutlich machte, welche Ehre für ihn der Empfang durch den Oberkommandierenden und Bürgermeister Burchard gewesen sei.[275] In seinen Augen hatte er nur seine Pflicht als Soldat und Beamter erfüllt und war der Meinung, dass »noch nie ein so grausamer Krieg mit solcher Mäßigung durchgeführt wurde«[276]. So wie

[267] Hamburgischer Correspondent, Abendausgabe, Nr. 638, 15.12.1905, Beilage 1, S. 1; Neue Hamburger Zeitung, Abendausgabe, Nr. 588, 15.12.1905, S. 5.

[268] Hamburger Nachrichten, Abendausgabe, Nr. 883, 15.12.1905, S. 1.

[269] StArch HH: 342-1 II_O XIII c.

[270] Hamburgischer Correspondent, Abendausgabe, Nr. 638, 15.12.1905, Beilage 1, S. 1.

[271] Hamburger Nachrichten, Abendausgabe, Nr. 883, 15.12.1905, S. 1.

[272] Ebd.

[273] Ebd.

[274] Ebd.

[275] Hamburgischer Correspondent, Abendausgabe, Nr. 638, 15.12.1905, Beilage 1, S. 1.

[276] Ebd.

vorher schon der Kommandant von Bock und Polach verwies General von Trotha auf die Leistungen der Soldaten, die er ebenfalls in Verbindung zu vermeintlich früheren Leistungen und militärischen »Tugenden« setzte: »Die Truppe hat bewiesen, daß die alten Tugenden der deutschen Armee, Tapferkeit und Disziplin, noch gegenwärtig sind.«[277] Am Ende seiner Rede hat er zu einem dreifachen Hurra auf den Kaiser aufgefordert, woraufhin von der Musikkapelle die »Kaiserhymne« gespielt wurde und der offiziell-förmliche Teil am Kaiufer vorbei war.[278]

Auf diese Zeremonie folgte ein Frühstück im Speisesalon der *Prinzregent*, an dem ein Großteil der Anwesenden teilnahm und währenddessen vom Vertreter des Roten Kreuzes Karl Sauer die gleichen Zigarrentaschen wie bei den Truppenempfängen als »Liebesgaben« des Senats an die zurückgekehrten Offiziere verteilt wurden.[279] Um 11 Uhr verließ General von Trotha mit seinen Söhnen das Schiff und fuhr in das Hotel »Hamburger Hof«, in dem seine Söhne schon seit dem Vortag wohnten.[280] Im Krieg in DSWA war der Neffe von General von Trotha getötet worden und nicht, wie fälschlicherweise kurz zuvor in verschiedenen Zeitungen berichtet wurde, einer seiner Söhne, was im Zuge eines Interviews mit dem Hamburgischen Correspondenten im Hotel berichtigt wurde.[281] In das Hotel war General von Trotha gefahren, weil er keine Anweisungen erhalten hatte, wo er sich nach seiner Ankunft melden sollte und was seine neuen Aufgaben wären. Erst um 18.30 Uhr erreichte ihn ein Telegramm im Hotel, in welchem er nach Berlin beordert wurde, wohin er mit dem Zug um 20.14 Uhr vom Bahnhof Klostertor zusammen mit seinen Söhnen Thilo und Hellmuth gefahren ist.[282]

Empfang des Generals Berthold von Deimling am 02. Mai 1907

Knapp anderthalb Jahre danach kam der Nachfolger von General von Trotha als Oberkommandierender der Schutztruppen in DSWA im Hamburger Hafen an und wurde ebenfalls am Petersenkai empfangen. Am 02. Mai 1907 kehrte General Berthold von Deimling an Bord der *Eleonore Woermann* in das Deutsche Kaiserreich zurück.[283] Das Schiff

277 Hamburger Nachrichten, Abendausgabe, Nr. 883, 15.12.1905, S. 2.
278 Hamburgischer Correspondent, Abendausgabe, Nr. 638, 15.12.1905, Beilage 1, S. 1.
279 Ebd.
280 Ebd.
281 Ebd.
282 Hamburger Nachrichten, Zweite Morgenausgabe, Nr. 885, Beilage 1, S. 1.
283 Hamburger Nachrichten, Abendausgabe, Nr. 306, 02.05.1907, Beilage 1, S. 1.

wurde um 14 Uhr vor dem Schuppen 26 am Petersenkai im Baakenhafen festgemacht, wo sich ein ähnlich wie bei der Ankunft Trothas zusammengesetztes Empfangskomitee eingefunden hatte.[284] Auf Befehl des Kaisers war, neben dem Oberkommandierenden des IX. Armeekorps, General von Bock und Polach und dem Stadtkommandanten von Hamburg-Altona Generalleutnant von Versen, ein Großteil der obersten Kommandoebene der in Hamburg stationierten Militäreinheiten an den Kai gekommen, sowie aus Berlin der Oberkommandeur der Schutztruppen Major Puder und aus dem Generalstab Generalmajor von Below.[285] General von Bock und Polach persönlich hatte die Musikkapelle des 76. Militärregiments an den Kai befohlen, um den musikalischen Teil der Begrüßungszeremonie zu übernehmen.[286] Vom Hamburger Senat waren Senator Otto Westphal und Senatssekretär Hagedorn anwesend,[287] sowie als Vertreter der Reederei Adolph Woermann und Arnold Amsinck.[288] Neben diesen offiziellen Vertretern waren auch Familie und Freunde des Generals zur Begrüßung gekommen: Die Frau und die Tochter Deimlings standen am Kaiufer zusammen mit dem in Hamburg wohnenden Reichstagsabgeordneten Johannes Semler,[289] der auf seiner Reise durch DSWA im vorigen Jahr General von Deimling kennengelernt hatte und diesem seitdem verbunden war.[290]

Schon während des Anlegemanövers wurde der an Deck stehende General mit Hurra-Rufen von den am Kai stehenden Offizieren im Hafen begrüßt[291] und sobald die Gangway angelegt war, eilten seine Frau und Tochter an Bord, um Deimling zu begrüßen.[292] Anschließend ging General von Deimling von Bord und trat vor das kreisförmig aufgestellte Begrüßungskomitee am Kai.[293] Dort hielt General von Bock

[284] Ebd.
[285] Ebd.
[286] StArch HH: 342-1 II_O XIII c.
[287] Senator Westphal hatte seine und Hagedorns Anwesenheit auf schriftliche Einladung des Oberkommandierenden des IX. Armeekorps General von Bock und Polach am 30.04.1907 noch persönlich bestätigt. Vgl.: StArch HH: 342-1 II_O XIII c.
[288] Ebd.
[289] Ebd.
[290] Hamburger Nachrichten, Zweite Morgenausgabe, Nr. 308, 03.05.1907, Beilage 1, S. 2.
[291] General-Anzeiger für Hamburg-Altona, Nr. 104, 04.05.1907, S. 4; Hamburger Nachrichten, Abendausgabe, Nr. 306, 02.05.1907, Beilage 1, S. 1.
[292] Hamburgischer Correspondent, Abendausgabe, Nr. 221, 02.05.1907, Beilage 1, S. 1.
[293] Hamburger Nachrichten, Abendausgabe, Nr. 306, 02.05.1907, Beilage 1, S. 1.

und Polach die erste Begrüßungsrede, in der er Deimling »nicht nur einen tapferen Krieger, sondern einen Helden« nannte, der »das Unmögliche und Unglaubliche möglich gemacht« hatte.[294] Nach der Nennung weiterer vermeintlicher »Heldentaten« Deimlings in DSWA machte General von Bock und Polach deutlich, dass diese Taten »Allerhöchste Anerkennung« beim Kaiser erlangt hatten und dieser Deimling daher zum General ernannt und einen Orden verliehen hatte.[295] Am Ende seiner Rede forderte General von Bock und Polach zu einem dreifachen »Hurra« auf, um Deimling auf das Herzlichste in der Heimat zu begrüßen, was von den anwesenden Offizieren und Herren »freudig« getan wurde[296] und die Musikkapelle anschließend »Deutschland, Deutschland über alles« spielte.[297]

In der kurzen Rede von General von Deimling bedankte sich dieser für den »herzlichen Empfang«, der für ihn und seine Truppen der größte Dank sei.[298] Anschließend begrüßte Senator Westphal den General von Deimling im Auftrag des Senats von Hamburg und betonte in seiner Rede die große Bedeutung der Kolonie DSWA für Hamburg und damit auch der Taten Deimlings für die Stadt Hamburg, die durch den Handel in engen Beziehungen zu DSWA steht.[299] Am Ende seiner Rede verwies der Senator noch ausschließlich auf die deutschen Opfer, die für die Erhaltung der Kolonie nötig waren: »Möge Ihnen, Herr General, die Freude werden, daß unsere Kolonie [...] sich würdig erweise des kostbaren deutschen Blutes, das leider ihretwegen [der Kolonie] hat fließen müssen.«[300] Nach einer weiteren Rede des Vertreters des Generalstabs aus Berlin, die in den Zeitungsartikeln nicht abgedruckt wurde,[301] war die offizielle Begrüßungsfeier beendet und die Offiziere gingen auf Einladung Adolph Woermanns an Bord des Schiffs, um etwas zu essen.[302] Währenddessen spielte am Kai die Musikkapelle noch weiter, bis um 15 Uhr General von Deimling das Schiff und den Kai

[294] Ebd.
[295] Ebd.
[296] Ebd.
[297] Hamburgischer Correspondent, Abendausgabe, Nr. 221, 02.05.1907, Beilage 1, S. 1.
[298] Hamburger Nachrichten, Abendausgabe, Nr. 306, 02.05.1907, Beilage 1, S. 1.
[299] Ebd.
[300] Ebd.
[301] Ebd.
[302] Altonaer Nachrichten, Abendausgabe, Nr. 206, 03.05.1907, S. 2.

in Begleitung seiner Familie und des Reichstagsabgeordneten Johannes Semler verließ.[303]

Nachdem General von Deimling den Kai verlassen hatte, war die Empfangsfeier am Petersenkai prinzipiell beendet, aber leider wird nicht mehr berichtet, wie lange die Kapelle noch gespielt hat und ob noch Zuschauer*innen am Kai waren. Die Feierlichkeiten für den Empfang des Generals in Hamburg waren damit allerdings noch nicht beendet. Am Abend des 02. Mai 1907 gab es noch einen Empfang in der Villa des Reichstagsabgeordneten Semler in der Heilwigstraße am Nordufer der Außenalster.[304] Dieser Empfang gehört zwar nicht mehr zum Gegenstand dieser Arbeit, da er nicht im Baakenhafen stattgefunden hat, trotzdem war er eng verbunden mit dem Empfang des Generals von Deimling in Hamburg und es soll zumindest kurz auf ihn verwiesen werden. Beim Empfang im Privathaus des Reichstagsabgeordneten waren viele Persönlichkeiten aus dem politischen und wirtschaftlichen Establishment Hamburgs und zum auch Teil Berlins anwesend: Hamburgs Bürgermeister Mönckeberg und der Präsident der Bürgerschaft Julius Engel, die Hamburger Kaufleute Richard Krogmann und Edmund Siemers, der Vizepräsident des Reichstags in Berlin Geheimrat Paasche sowie verschiedene Vertreter des Adels, des Militärs und des Konsulatswesens.[305] Auch bei der Ankunft von General von Trotha im Dezember 1905 war ein Festessen vonseiten der Kommandantur des IX. Armeekorps im Altonaer Hotel »Kaiserhof« geplant, welches aber nach telegrafischer Rücksprache mit Trotha abgesagt wurde, da dieser um seine verstorbene Frau trauerte.[306] Die abendlichen Empfänge waren somit ein Teil der Begrüßungsfeierlichkeiten der Generäle in Hamburg, aufgrund der Fragestellung in dieser Arbeit und der daraus resultierenden räumlichen Beschränkung auf den Baakenhafen werden sie hier aber nur am Rande berücksichtigt.

Gemeinsamkeiten und Besonderheiten bei den Empfängen von Generälen am Petersenkai

Beim Empfang von General von Trotha spielte die Beflaggung im Hafen wieder eine wichtige Rolle und wurde in den Zeitungsartikeln als Erzählmotiv aufgegriffen, mit dem die Stimmung am Kai beschrieben

[303] General-Anzeiger für Hamburg-Altona, Nr. 104, 04.05.1907, S. 4.
[304] Hamburger Nachrichten, Zweite Morgenausgabe, Nr. 308, 03.05.1907, Beilage 1, S. 2.
[305] Ebd.
[306] StArch HH: 342-1 II_O XIII c.

werden konnte. Die Schiffe am Kai hatten »über die Toppen geflaggt«, was wieder ein weithin sichtbares Signal für die Inszenierung war, und mit den Nationalfahnen am Kai und im Schuppen war ein größeres Stück der Kaianlage in die Inszenierung eingebunden. Zusätzlich wurde so auf eine leicht erkennbare und direkte Weise ein nationaler Bezug als Rahmen der Veranstaltung hergestellt. Hier wird wieder, in Bezug auf den ritualtheoretischen Ansatz, deutlich, wie über die Schmückung des Raums eine bestimmte Wirkung hergestellt wurde und welche Rolle dies bei den Inszenierungen gespielt hatte. Beim Empfang von General Deimling hingegen, wurde in den Zeitungsartikeln so gut wie überhaupt nicht auf die Stimmung am Petersenkai eingegangen und auch eine zu vermutende ähnliche Beflaggung oder Schmückung des Raums wie beim Empfang General von Trothas nicht erwähnt. Diese Beschreibungen über Stimmung und Schmückung tauchten dafür detailliert in den Berichten über das Festessen am Abend im Privathaus des Reichstagsabgeordneten Semler auf.[307] Auch wenn eine Beflaggung während des Empfangs am Kai nicht beschrieben wurde, gehe ich davon aus, dass auch bei der Empfangsfeier für General von Deimling in der einen oder anderen Form eine Schmückung der Räumlichkeiten am Kai vorgenommen wurde.

In den Berichten zu beiden Empfangsfeiern tauchten wieder die akustischen Merkmale der Inszenierungen auf. Sowohl über die gemeinsamen Hurra-Rufe und das »Hoch-leben«-Lassen, als auch über die von den Musikkapellen gespielten nationalistischen und patriotischen Lieder, wurde ein gemeinsamer Bedeutungsrahmen geschaffen. Bei beiden Feiern hielt der Kommandant von Bock und Polach eine Rede, in der die Taten und »Leistungen« des jeweiligen Generals in DSWA gelobt wurden, und an deren Ende jeweils ein »Hoch« auf die Soldaten in DSWA gerufen wurde, direkt gefolgt vom »Deutschlandlied«. Aus meiner Sicht wurde so symbolisch eine Verbindung zwischen allen Beteiligten am Petersenkai und den Soldaten in der fernen Kolonie hergestellt und diese Verbindung dann in direkten Bezug zum Deutschen Kaiserreich gesetzt. Wie schon bei den Truppenverabschiedungen erläutert, geschah dies auch über die Lieder und Hurra-Rufe, an denen sich prinzipiell alle Anwesenden aktiv beteiligen konnten und so eine Form von Gemeinsamkeit entstehen sollte.

Die Zusammensetzung des Begrüßungskomitees am Kai für die Ge-

[307] Hamburger Nachrichten, Zweite Morgenausgabe, Nr. 308, 03.05.1907, Beilage 1, S. 2.

neräle war bei beiden Feiern besonders. Auf Befehl des Kommandanten des IX. Armeekorps mussten alle Offiziere aus Altona, Hamburg und Wandsbek erscheinen, die an dem Tag dienstfrei hatten, sodass sich viele ranghohe Soldaten unterschiedlicher Abteilungen vor Ort befanden. In einem Bericht zum Empfang von General von Trotha wurden an einer Stelle die vielen verschiedenen Soldaten aus Hamburg in ihren Uniformen beschrieben, die die Stimmung im Schuppen am Kai belebten.[308] Ebenfalls besonders war die Anwesenheit von Senatoren bei den Feierlichkeiten, die den Hamburger Senat repräsentiert haben. Beim Empfang von General von Trotha war Bürgermeister Burchard persönlich gekommen und ist zusammen mit Senator Lappenberg mit einem Auto des Senats am Kaiufer vorgefahren worden.[309] Beim Empfang von General von Deimling war zwar kein Bürgermeister anwesend, dafür hat der Senator Westphal ihn persönlich begrüßt und noch eine offizielle Willkommensrede im Auftrag des Senats gehalten, was bei den anderen Feiern der Vorsitzende des Hamburger Roten Kreuzes übernommen hatte. Wie erwähnt, waren beim Empfang am Abend im Privathaus von Dr. Semler unter anderem der Bürgermeister Mönckeberg und der Bürgerschaftsvorsitzende Engel anwesend. Neben diesen Repräsentant*innen von Militär und Senat waren bei beiden Empfängen am Petersenkai auch Mitglieder des Vorstands sowohl der Woermann-Linie als auch der Deutschen Ostafrika-Linie anwesend. Bei beiden Empfängen bestand das Empfangskomitee somit vor allem aus hochrangigen Vertreter*innen von Militär, Politik und Wirtschaft.

Auch die verschiedenen Reden bei den Empfängen waren interessant. Gerade in den Reden von General von Bock und Polach wurden aus meiner Sicht die Taten der beiden Generäle in DSWA in einen größeren Bedeutungszusammenhang eingebunden. Dabei wurde auf vermeintliche Eigenschaften von »deutschen Soldaten« wie zum Beispiel Mut, Stärke und Disziplin verwiesen, welche die Soldaten unter der Führung der Generäle in DSWA erneut bewiesen hätten. Bei General von Trotha war es dessen »energische« und »entschlossene« Führung bei den militärischen Operationen, durch die sich die »braven Truppen« bewähren konnten[310] und bei Deimling waren es dessen »Umsicht« und sein »tatkräftiges Vorgehen«[311]. Es ging in diesem Bedeutungszusammenhang

[308] Hamburger Nachrichten, Abendausgabe, Nr. 883, 15.12.1905, S. 1.

[309] Ebd.

[310] Hamburgischer Correspondent, Abendausgabe, Nr. 638, 15.12.1905, Beilage 1, S. 1.

[311] Hamburger Nachrichten, Abendausgabe, Nr. 306, 02.05.1907, Beilage 1, S. 1.

um ein bestimmtes idealisiertes Bild von deutschen Soldaten, welches laut General von Bock und Polach in DSWA auf ein Neues bewiesen wurde, zumindest versuchte er, das in seinen Reden so darzustellen. General von Trotha griff dies in seiner Rede ebenfalls auf und bestätigte diese Sichtweise nochmals.[312] Bei General von Deimling war die Zustimmung nicht ganz so eindeutig, da er nur eine sehr kurze Rede hielt, in der er sich aber für die Anerkennung in der Rede von General von Bock und Polach bedankte.[313]

Es gab zu beiden Empfängen eine ausführliche Berichterstattung über mehrere Tage hinweg, bei der in langen und ausführlichen Berichten die Empfänge am Petersenkai beschrieben wurden. Der Hamburgische Correspondent hatte sogar noch nach seiner Ankunft im Hotel ein exklusives Interview mit General von Trotha geführt.[314] Zusätzlich zu diesen Berichten über die eigentlichen Ankünfte gab es noch Vorberichte, in denen vor allem die militärische Laufbahn des jeweiligen Generals im Mittelpunkt stand.[315] Hier sollte, in ähnlicher Weise wie bei den Reden von General von Bock und Polach, eine Verbindung zwischen den Handlungen der Generäle und Soldaten in DSWA und diesen idealisierten Bildern über deutsche Soldaten hergestellt werden. Mit diesen Vorberichten wurden die Empfänge auch wieder im Voraus angekündigt und somit bei den eigentlichen Veranstaltungen Öffentlichkeit hergestellt und Interesse seitens der Stadtbevölkerung erzeugt. Nachdem die Empfänge eigentlich beendet waren, wurde auch noch darüber hinaus berichtet. Bei Lothar von Trotha wurde neben dem erwähnten Interview noch bis einschließlich seiner Abreise aus Hamburg per Bahn berichtet[316] und bei Berthold von Deimling wurde über den zweiten Empfang am Abend noch ausführlich berichtet.[317] Wenn die Berichterstattung miteinander verglichen wird, fällt auf, dass von der Anzahl der Berichte her kein großer Unterschied besteht, die Berichte

312 Hamburger Nachrichten, Abendausgabe, Nr. 883, 15.12.1905, S. 2.

313 Hamburger Nachrichten, Abendausgabe, Nr. 306, 02.05.1907, Beilage 1, S. 1.

314 Hamburgischer Correspondent, Abendausgabe, Nr. 638, 15.12.1905, Beilage 1, S. 1.

315 Bei Trothas Ankunft: Hamburgischer Correspondent, Morgenausgabe, Nr. 633, 13.12.1905, S. 1; Hamburger Nachrichten, Abendausgabe, Nr. 883, 15.12.1905, S. 1; bei Deimlings Ankunft: Hamburger Nachrichten, Zweite Morgenausgabe, Nr. 305, 02.05.1907, S. 1; Hamburgischer Correspondent, Abendausgabe, Nr. 221, 02.05.1907, S. 1.

316 Hamburgischer Correspondent, Morgenausgabe, Nr. 639, 16.12.1905, S. 9.

317 Hamburger Nachrichten, Zweite Morgenausgabe, Nr. 308, 03.05.1907, Beilage 1, S. 2.

zur Ankunft Trothas aber länger waren. Prinzipiell waren aber beide Empfänge zwei wichtige Themen in den von mir untersuchten Zeitungen, die die Berichterstattung über Themen aus Hamburg in den Zeitungen über mehrere Tage hauptsächlich bestimmt hatten.

3.1.4 »Leichenfeiern«

> *»Feierliche Stille herrschte am Sonntag vormittag am Petersenquai* [sic!]. *Inmitten blühender Pflanzen war auf dem Schuppen 26 A ein Altar errichtet, vor dem der auf einem mit Tannengrün geschmückten Katafalk ruhende Eichensarg stand, der die sterbliche Hülle des Leutnants Salm barg* [...].«
> *Hamburgischer Correspondent, Morgenausgabe, Nr. 436, 28. März 1905, S. 2.*

Die »Leichenfeiern« am Petersenkai fanden immer im Kontext eines Rücktransports aus DSWA statt, bei dem die Leichen in einem Zinksarg per Schiff nach Hamburg transportiert wurden. Insgesamt habe ich innerhalb des Betrachtungszeitraums dieser Arbeit acht solcher Leichentransporte per Schiff mit elf Toten gefunden, die aber nicht alle mit einer sogenannten »Leichenfeier« am Petersenkai einhergingen. Bei fünf Leichentransporten wurden die Leichen in einen Eisenbahnwaggon überführt, der direkt am Kaiufer bereitstand und anschließend zu dem jeweiligen Ort der Beerdigung innerhalb des Deutschen Kaiserreichs gebracht.[318] Bei drei der von mir gefundenen Leichentransporte gab es aber eine »Leichenfeier« am Petersenkai[319] und mit dieser weiteren Form der Inszenierungen im Baakenhafen soll in diesem Unterkapitel beschäftigt werden.

Diesen Veranstaltungen soll sich weiterhin mit dem methodischen Ansatz aus der Ritualtheorie genähert werden, um auch hier den Aufführungscharakter und die sozial strukturbildende Wirkung he-

[318] Hamburgischer Correspondent, Abendausgabe, Nr. 50, 27.01.1905, Beilage 3, S. 3; Hamburgischer Correspondent, Abendausgabe, Nr. 52, 29.01.1906, Beilage 1, S. 2; Hamburger Nachrichten, Abendausgabe, Nr. 221, 28.03.1906, S. 3; Hamburger Nachrichten, Abendausgabe, Nr. 441, 26.06.1906, S. 2; Hamburgischer Correspondent, Morgenausgabe, Nr. 361, 19.07.1906, Beilage 2, S. 2.

[319] Hamburgischer Correspondent, Abendausgabe, Nr. 146, 20.03.1905, Beilage 1, S. 2; Hamburgischer Correspondent, Morgenausgabe, Nr. 436, 28.08.1905, S. 2; Hamburgischer Correspondent, Abendausgabe, Nr. 306, 19.06.1906, Beilage 1, S. 2.

rauszuarbeiten. Schließlich sind Beerdigungen und Gedenkfeiern für Verstorbene zentrale Gegenstände der Ritualforschung und mit dem gewählten methodischen Ansatz können viele wichtige Aspekte der »Leichenfeiern« herausgearbeitet werden. Aber das offizielle Gedenken eines Nationalstaats an gefallene Soldaten weist einige Besonderheiten auf, die es noch zu berücksichtigen gilt. Die Historiker Manfred Hettling und Jörg Echternkamp haben zu diesem Gefallenengedenken einige aus meiner Sicht wichtige Aspekte erarbeitet, die in die Betrachtungen der »Leichenfeiern« in diese Arbeit mit einfließen sollen. Hettling und Echternkamp heben dabei besonders die politische Funktion des Gefallenengedenkens hervor, in der sich bestimmte Beziehungen zwischen einzelnen Bürger*innen und Gemeinwesen finden lassen und somit über das »Gefallenengedenken Grundfragen politischer Kollektivität und der Bindung des Einzelnen an die politische Ordnung thematisiert werden.«[320] Gerade diese Aspekte, in denen von dem Gefallenengedenken auf die gesellschaftliche Ordnung verwiesen wird, sind aus meiner Sicht sehr vielversprechend für diese Arbeit. Zunächst soll aber über die Beschreibung einer konkreten »Leichenfeier« erläutert werden, was sich im Baakenhafen abgespielt hat, bevor im anschließenden Teil mit den verschiedenen methodisch-theoretischen Ansätzen bestimmte Aspekte herausgestellt werden.

Leichenfeier für den Offizier Otto Seebeck am 20. März 1905

Das Oberkommando des IX. Armeekorps hatte angeordnet, die militärische Trauerfeier[321] für den Leutnant Otto Seebeck[322] am Petersenkai im Schuppen 26 am Montag den 20. März 1905 um 10 Uhr morgens stattfinden zu lassen.[323] Hiervon ist der Senat bereits am 18. März 1905 schriftlich von der Kommandantur aus Altona in Kenntnis gesetzt worden, woraufhin am selben Tag noch die Teilnahme des Senats in Vertretung durch Senatssekretär Hagedorn bestätigt wurde.[324] Am Kaiufer vor dem Schuppen hatte gegen 7.30 Uhr die durch Nebel verspätete *Ernst Woermann* festgemacht, mit der die Leiche des Verstor-

[320] Hettling, 2013, S. 125.
[321] Hamburgischer Correspondent, Abendausgabe, Nr. 146, 20.03.1905, Beilage 1, S. 2.
[322] StArch HH: 132-1 I_2998.
[323] Hamburgischer Correspondent, Abendausgabe, Nr. 146, 20.03.1905, Beilage 1, S. 2.
[324] Spartanisch HH: 342-1 II_ O XIII c.

benen in einem Zinksarg aus DSWA transportiert wurde.[325] Als sichtbares Zeichen der Trauer war auf der *Ernst Woermann* die Beflaggung auf halbmast gesetzt worden.[326]

Nachdem der Zinksarg in einen festlichen Metallsarg gesetzt worden war, wurde der Sarg in den Schuppen 26 getragen,[327] der schon am Vortag leer geräumt und anschließend in der Mitte ein Altar mit Kruzifix aufgebaut worden war.[328] Der Fußboden des Schuppens war mit schwarzem Tuch ausgelegt worden und hinter dem Altar hing die Fahne des Deutschen Kaiserreichs.[329] Im Halbkreis um den Altar waren Palmen und Lorbeerbäume aufgestellt worden[330] und in der Mitte des Halbkreises wurde der mit grünen Girlanden geschmückte Sarg abgestellt.[331] Am Fußende des Sargs, zum Publikum gewandt, wurde ein Schild aufgestellt, in dem eine kurze Inschrift eingraviert worden war, die Inschriften auf Grabsteinen stark ähnelte: »Leutnant der Kaiserlichen Schutztruppe Otto Seebeck, geb. 3. Mai 1875 zu Berlin, gefallen am 11. August 1904 am Waterberg, Deutsch-Südwestafrika.«[332] In den Zeitungsberichten wurde neben den Todesumständen auch kurz über Seebecks militärische Laufbahn berichtet: Er hatte am 11. August 1905 in der Abteilung Estorff der Schutztruppe am Waterberg gekämpft und war durch einen Kopfschuss getötet worden.[333] Laut der Neuen Hamburger Zeitung war Otto Seebeck das zweite Mal in einen Kolonialkrieg gefahren: Im Sommer 1900 ist er mit dem 4. Ostasiatischen Infanterie-Regiment nach China gefahren, bevor er sich nach einer Zwischenstation in Straßburg im Frühjahr 1904 freiwillig zur Schutztruppe für DSWA meldete.[334]

Bei der Trauerfeier war von der Familie Otto Seebecks nur sein Cousin August Seebeck aus Harburg anwesend, der mit seiner Ehefrau im

[325] Hamburgischer Correspondent, Abendausgabe, Nr. 146, 20.03.1905, Beilage 1, S. 2.

[326] Ebd.

[327] Ebd.

[328] Hamburgischer Correspondent, Morgenausgabe, Nr. 145, 20.03.1905, S. 2.

[329] StArch HH: 132-1 I_2998.

[330] Neue Hamburger Zeitung, Abendausgabe, Nr. 134, 20.03.1905, Beilage, S. 2.

[331] StArch HH: 132-1 I_2998.

[332] Ebd.

[333] Ebd. In der hier zitierten Akte aus dem Staatsarchiv Hamburg wurden auch Zeitungsberichte gesammelt. An dieser Stelle beziehe ich mich auf einen Artikel des Hamburger Fremdenblatt, Nr. 68, 21.03.1905, ohne Angabe der Seitenzahl.

[334] Neue Hamburger Zeitung, Abendausgabe, Nr. 134, 20.03.1905, Beilage 1, S. 2.

Schuppen erschienen war.[335] Die Mutter des Toten war in Berlin geblieben, wohin die Leiche nach der militärischen Trauerfeier am Petersenkai per Zug überführt wurde[336] und die Beisetzung auf dem Zwölf Apostel-Kirchhof stattfinden sollte.[337] Neben Senatssekretär Hagedorn, der offiziell den Senat Hamburgs vertreten hat, waren von der Woermann-Linie Adolph und Eduard Woermann anwesend, viele Vertreter des Offizierskorps des IX. Armeekorps[338] und die Schutztruppenmannschaften, die mit der *Ernst Woermann* aus DSWA zurückgekehrt waren,[339] laut Sanitätsbericht insgesamt 79 Soldaten.[340] Hinter dem Altar hatte sich die Musikkapelle des Regiments Hamburg platziert und vor dem Schuppen, auf den Gleisen des Kaiufers, standen 40 Soldaten des 31. Regiments in Hamburg bereit, die später eine Ehrensalve abgeben sollten.[341]

Zu Beginn der Trauerfeier um 10 Uhr spielte die Musikkapelle vor der Trauerrede den Choral »Christus ist mein Leben«.[342] Die Trauerrede hielt der Oberpfarrer des IX. Armeekorps aus Altona, Herr Zierrach, der zunächst darauf hinwies, dass der Verstorbene vor nicht ganz einem Jahr von demselben Kaiufer nach DSWA losgefahren ist.[343] In der Rede erläuterte der Pfarrer die Umstände des Todes von Seebeck in DSWA und bezeichnete am Ende den Tod Seebecks als einen »Heldentod«, da dieser getötet wurde, als er versucht habe eingeschlossenen deutschen Soldaten zu helfen:

> *»Er starb den Heldentod, indem er sein eigenes Leben einsetzte, um bedrängten Kameraden Hilfe und Rettung zu bringen. Ehre ihm und allen, die unter den allerschwierigsten* [sic!] *Verhältnissen gezeigt haben, daß* [sic!] *der alte Heldensinn, der unser deutsches Vaterland groß gemacht hat, noch unverändert besteht!«*[344]

335 Hamburgischer Correspondent, Abendausgabe, Nr. 146, 20.03.1905, Beilage 1, S. 2.

336 Ebd.

337 Neue Hamburger Zeitung, Abendausgabe, Nr. 134, 20.03.1905, Beilage 1, S. 2.

338 Hamburgischer Correspondent, Abendausgabe, Nr. 146, 20.03.1905, Beilage 1, S. 2.

339 StArch HH: 132-1 I_2998.

340 Kommando der Schutztruppen im Reichs-Kolonialamt 1909, S. 242.

341 Neue Hamburger Zeitung, Abendausgabe, Nr. 134, 20.03.1905, Beilage 1, S. 2.

342 Hamburger Nachrichten, Abendausgabe, Nr. 201, 20.03.1905, Beilage 1, S. 2.

343 Hamburgischer Correspondent, Abendausgabe, Nr. 146, 20.03.1905, Beilage 1, S. 2. Vermutlich ist Otto Seebeck mit dem Truppentransport vom 25.03.1904 abgefahren, vgl. hierzu: Kommando der Schutztruppen im Reichs-Kolonialamt 1909, S. 169.

344 Hamburgischer Correspondent, Abendausgabe, Nr. 146, 20.03.1905, Beilage 1,

Am Schluss der Rede hat der Pfarrer den Segen für alle Soldaten erbeten, die noch im Kriegseinsatz sind, damit sie nicht der Glaube an ihren Einsatz und dessen Zweck verlässt: »[Dass Gott] alle die segnen möge, die draußen vor dem Feinde ständen, damit ihr Herz fest und ihr Arm stark werde.«[345]

Als letzter Teil der Trauerfeier wurde der Sarg von mehreren Unteroffizieren des Hamburger Regiments durch den Schuppen in den am Kaiufer bereitstehenden Waggon getragen, während die Musikkapelle den Choral »Jesus lebt, mit ihm auch ich« spielte.[346] Als Abschluss der Feier wurden unter Trommelwirbel von den Soldaten auf dem Kaiufer drei Ehrensalven abgegeben.[347] Die Trauerfeier am Petersenkai und die Überführung der Leiche nach Berlin wurde von dem Beerdigungsinstitut August Ertel Junior, St. Jakobikirchhof arrangiert und durchgeführt.[348]

Gemeinsamkeiten und Besonderheiten im Verhältnis zu weiteren Leichenfeiern am Petersenkai

Im Gegensatz zu den Truppenverabschiedungen war die Stimmung bei den Trauerfeiern am Petersenkai sehr viel ruhiger und intimer. Wie schon im Eingangszitat erwähnt herrschte eine »feierliche Stille«,[349] der aufgehängte Schmuck am Petersenkai war dezenter und fast ganz auf den Innenraum des Schuppens beschränkt. Vor allem war der Kreis der Anwesenden viel kleiner, kaum öffentlich und viel mehr auf militärische Personen beschränkt.

Von Weitem war das vermutlich sichtbarste Zeichen wieder die Beflaggung des angekommenen Schiffs, die während allen drei von mir gefundenen Trauerfeiern auf halbmast gesetzt worden war. Nur bei der Trauerfeier für den verstorbenen Bezirkshauptmann Henning von Burgsdorff wurde die Beflaggung aller Schiffe im Baakenhafen auf halbmast gesetzt,[350] was ein eindeutiger Kontrast zum Alltag im Hafenbecken gewesen sein dürfte.

Die Umgestaltungen im Schuppen 26 – der bei allen drei Feiern ge-

S. 2.
345 Ebd.
346 Ebd.
347 Neue Hamburger Zeitung, Abendausgabe, Nr. 134, 20.03.1905, Beilage 1, S. 2.
348 Hamburger Nachrichten, Abendausgabe, Nr. 201, 20.03.1905, Beilage 1, S. 2.
349 Hamburgischer Correspondent, Morgenausgabe, Nr. 436, 28.08.1905, S. 2.
350 Hamburgischer Correspondent, Abendausgabe, Nr. 306, 19.06.1906, Beilage 1, S. 2.

nutzt wurde – waren noch umfangreicher. Für die Trauerfeiern wurde aus einem Lagerschuppen für Handelswaren ein feierlicher Ort, an dem die religiösen und militärischen Elemente der Trauerfeiern stattfinden konnten. Der Altar und das Kruzifix waren dabei eindeutig die religiösen Symbole der Feier, die Fahne sowie die Ehrenwache der Soldaten vor dem Schuppen waren die militärischen Symbole und die Auskleidung des Schuppens mit schwarzem Stoff und der Schmuck aus Pflanzen bildete den Rahmen der Feier, mit dem die besondere Bedeutung der Handlungen unterstrichen werden sollte. Hier zeigte sich schon auf der visuellen Ebene des Raums die Verbindung von religiösen und staatlich-militärischen Elementen, aus denen bei Hettling und Echternkamp die politische Funktion des Totenkults entsteht. Besonders deutlich wird dies aus meiner Sicht an der Nationalfahne, die hinter dem Altar aufgehängt war und symbolisch für die Verbindung der Trauerfeier zur Deutschen Nation stand.

Auch akustisch haben sich diese Inszenierungen erneut vom Alltag im Hafen abgesetzt, was im Wesentlichen die Musikkapelle und die Gewehrschüsse betraf. Im Unterschied zu den anderen Inszenierungen sind hier religiöse Lieder gespielt worden, zu denen zumindest laut den Zeitungsberichten nicht gesungen wurde und deren Wirkung vor allem auf die Trauerfeier im Schuppen beschränkt blieb. Dabei haben die Lieder den Anfangs- und Endpunkt der Trauergottesdienste markiert und waren Teil der religiösen Zeremonie des Gottesdienstes. Ganz zum Schluss haben die Soldaten der Ehrenwache vor dem Schuppen noch drei Gewehrschüsse abgegeben, was das weithin hörbare Signal für das Ende der Totenfeier war und zu den militärischen Elementen zählte.

Neben den beiden schon erwähnten zentralen militärischen Elementen bei der Trauerfeier – Fahne des Deutschen Kaiserreichs und Ehrenwache mit Ehrensalve – gab es noch weitere. Dies waren zum einen die militärischen Sargträger, die den Sarg vom Boot in den Schuppen und vom Schuppen in den Eisenbahnwaggon getragen haben und zum anderen die Militärkapelle, die die religiösen Lieder gespielt hatte. Für Manfred Hettling sind diese militärischen Elemente Teil der »militärischen Binnenrituale«, die sich im Gefallenengedenken seit dem Beginn des 19. Jahrhunderts etabliert haben und die in etwas abgeänderter Form auch heute noch zum Gesamtablauf von Gefallenengedenkfeiern der Bundeswehr gehören.[351]

Hettling geht es in seinen Überlegungen zu den historischen Tra-

[351] Hettling 2014, S. 32.

ditionen des Gefallenengedenkens darum aufzuzeigen, wie sich seit dem späten 18. Jahrhundert im Gefallenengedenken in Deutschland verschiedene Ebenen miteinander verbunden haben: »[Der] private Trauerausdruck von Angehörigen und Freunden, die Deutungs- und Trostangebote der Religion sowie politische Sinnstiftungen.«[352] Diese Verschiebungen im Gefallenengedenken sind Teil einer fundamentalen Veränderung im Totengedenken, bei denen individuelle oder kollektive Erinnerungskonstruktionen in den Vordergrund traten[353] und die Hettling in vier systematischen Punkten beschreibt: Individualisierung, Ritualisierung, Monumentalisierung und politisierte Religion.[354] Das Gedenken ist »individueller«, weil seitdem auch den einfachen Soldaten zumindest auf einer Gedenktafel in ihrer Gemeindekirche gedacht wurde und nicht mehr nur den fürstlich-adeligen Offizieren, während der Hauptteil der Soldaten in anonymen Massengräbern auf dem Schlachtfeld vergraben wurde.[355] Susanne Kuß hat aufgezeigt, dass in allen drei Kolonialkriegen des Deutschen Kaiserreichs die Soldaten zunächst in der Nähe des jeweiligen Kampfgebiets beerdigt wurden – wenn die Kampfhandlungen eine Bergung der Toten überhaupt zuließen – und auf Wunsch der Angehörigen Soldaten aller Dienstgrade in das Kaiserreich überführt werden konnten.[356] Dies gilt zumindest auch prinzipiell für die Leichentransporte über den Petersenkai während des Kriegs in DSWA. Unter den von mir recherchierten Leichentransporten war auch die Leiche des Pioniers Gustav Adolf Schulz,[357] während alle anderen Soldaten vor ihrem Tod mindestens den Rang eines Leutnants hatten.

Der Transport der Leichen in DSWA und per Schiff in das Kaiserreich war für die Angehörigen kostenfrei.[358] Laut Schreiben des Oberkommandos der Schutztruppen vom 10. Januar 1905 an den Senat, hatte für den Krieg in DSWA die Woermann-Linie den kostenfreien Transport der Leichen zu See übernommen und laut allerhöchster Kabinettsorder vom 15. Dezember 1904 war in dem Fall auch der Transport mit der preußisch-hessischen Staatseisenbahn frachtfrei.[359] Bei

352 Ders., S. 23.
353 Ders., S. 21.
354 Ders., S. 24–30.
355 Ders., 24f.
356 Kuß 2010, S. 270f.
357 Hamburger Nachrichten, Abendausgabe, Nr. 221, 28.03.1906, S. 3.
358 Kuß 2010, S. 271.
359 StArch HH: 132-1 I_2998.

den Transporten über Hamburg kamen nicht einfach beliebige Waggons zum Einsatz. Die Eisenbahnwaggons wurden meist mit grünen Pflanzen geschmückt und zumindest am 27. Januar 1905 kam laut Zeitungsbericht einer der sogenannten neuen »Luxus-Leichenwagen« zum Einsatz, der zwei Abteilungen hatte: einen Raum für die Begleiter und einen »kapellenartigen« Totenraum mit blau gefärbten Scheiben.[360] Für mich wird aus diesen Verfahrensweisen mit den Gefallenen die bei Hettling angesprochene Individualisierung erkennbar und welche wichtige Rolle die Inszenierungen des Soldatentodes gespielt haben.

Die bei Hettling angesprochene Ritualisierung wird für ihn an den einzelnen religiösen und militärischen Elementen der Trauerfeiern deutlich, die in das Gefallenengedenken seit dem frühen 19. Jahrhundert eingebunden wurden.[361] Bei den »Leichenfeiern« am Baakenhafen waren dies die oben erwähnten christlichen und militärischen Symbole und Praktiken. Diese waren Teil der Inszenierung, über die der Tod des einzelnen Soldaten eine größere Bedeutung erhalten sollte. Das wird auch an mehreren Stellen in der Rede des Militärpastors Zierrach deutlich, der in seiner Funktion bei der Feier schon die Verbindung zwischen Militär und Religion darstellte. Zierrach betonte hier, dass Seebeck für »die Ehre des Vaterlandes« den »Heldentod« gestorben sei und am Ende der Rede hat er für alle Soldaten in DSWA den Segen Gottes erbeten.[362] Die bei Hettling erwähnte Monumentalisierung des Gefallenengedenkens ist bei den Trauerfeiern am Petersenkai nicht relevant, da es Hettling hierbei vor allem um Gedenktafeln, Denkmäler und Feiertage geht.[363] Bei der politisierten Religion meint Hettling nicht nur die Verbindung von religiöser und militärischer Symbolik, sondern wie am Anfang des 19. Jahrhunderts im Auftrag der preußischen Regierung durch Geistliche die »Nation« mit religiösen Deutungen verbunden wurde.[364] Die kirchlichen Vertreter*innen übernahmen somit die Funktion eines politischen Akteurs und haben dabei geholfen, politische Ziele zu verbreiten und zu festigen.[365] Gerade dieser letzte Punkt scheint mir bei den Trauerfeiern zentral gewesen zu sein. Die politische

[360] Hamburgischer Correspondent, Abendausgabe, Nr. 50, 27.01.1905, Beilage 1, S. 3.
[361] Hettling 2014, S. 26.
[362] Hamburgischer Correspondent, Abendausgabe, Nr. 146, 20.03.1905, Beilage 1, S. 2.
[363] Hettling 2014, S. 27f.
[364] Ders., S. 29.
[365] Ebd.

Deutung der Tode war eine Art Grundkonstante bei den Trauerfeiern. Sie waren nicht einfach rein religiöse Akte, sondern der Tod der Soldaten wurde als ein »Opfer« für die »Nation« oder das »Vaterland« inszeniert. Dabei spielte es keine Rolle, dass die Soldaten Tausende Kilometer entfernt von diesem »Vaterland« gegen vermeintliche unzivilisierte »Barbaren« kämpften. Vielmehr wurden diese Kriege und die daraus resultierenden Tode der deutschen Soldaten in eine Verbindung mit der Tradition eines »deutschen Heldenmuts« gebracht, für den sie bewundert und erinnert werden sollten. Der Militärpfarrer Zierrach hatte bei der »Leichenfeier« für Leutnant Seebeck in seiner Trauerrede genau solch eine Verbindung erwähnt:

> *»Mit Bewunderung und berechtigtem Stolz blicken wir auf alle, die dort in Deutsch-Südwestafrika gestritten haben oder noch streiten. […] Wir hoffen, daß diese Opfer nicht umsonst gewesen sind, daß aus der Tränensaat eine segensvolle Ernte für das deutsche Vaterland ersprießen wird.«*[366]

Bei allen drei von mir gefundenen Trauerfeiern wurde der Tod der in DSWA verstorbenen Deutschen, als so ein »Opfer« inszeniert: Leutnant Seebeck starb den »Heldentod«[367], Bezirkshauptmann von Burgdorff starb bei seiner »Pflichtausübung fürs Vaterland«[368] und Leutnant Salm musste den »Tod fürs Vaterland sterben«[369].

Wenn es sich um eine Überführung der Leichen ohne Trauerfeier am Petersenkai handelte, war die Wirkung der Inszenierung in der Form nicht gegeben. Bei den Überführungen wurden die Leichen lediglich in einen weiteren Sarg umgelagert und direkt von Bord der Schiffe zu den Eisenbahnwaggons getragen, mit denen sie dann weiter transportiert wurden. In diesen Fällen waren die Sargträger*innen nicht vom Militär, sondern Mitarbeiter*innen des beauftragten Beerdigungsinstituts, welches in allen von mir gefundenen Fällen das Beerdigungsinstitut August Ertel junior war.

Die Zeitungen haben auch über diese Transporte berichtet, wobei dies im Vergleich zu den Trauerfeiern kurze Berichte sein konnten, in denen die Rückkehr der Soldaten und der Leichentransport zusammen gemeldet wurden. In den Berichten wurden die Namen der Soldaten

366 Hamburgischer Correspondent, Abendausgabe, Nr. 146, 20.03.1905, Beilage 1, S. 2.

367 Ebd.

368 Hamburger Nachrichten, Abendausgabe, Nr. 423, 19.06.1906, S. 3.

369 Hamburgischer Correspondent, Morgenausgabe, Nr. 436, 28.08.1905, S. 2.

genannt, sowie Geburtsort und -datum, gefolgt von einer kurzen Wiedergabe der Todesumstände, der militärischen Verwendung in DSWA und in welchem Sarg die Leichen transportiert wurden.

Bei den Trauerfeiern selbst gab es eine umfangreichere Berichterstattung in den Tageszeitungen mit Vor- und Hauptberichten. In den Vorberichten wurden die Trauerfeiern mit Datum und Uhrzeit angekündigt und schon kurz über die Verstorbenen, unter Angabe ihrer Lebensdaten und einem Überblick über die wichtigsten Stationen ihrer militärischen Laufbahn, informiert. Zu den eigentlichen Trauerfeiern gab es eine ausführliche Berichterstattung in den verschiedenen Tageszeitungen. In den Berichten wurde über den Ablauf der Feiern informiert, welche Personen an den Feiern beteiligt waren, die Trauerreden der Militärpfarrer wiederholt und über die Beschreibung verschiedener Details wurde versucht die Stimmung wiederzugeben. Zumindest für den Lokalteil der Tageszeitungen waren die Trauerfeiern wichtige Ereignisse, über die ausführlich berichtet wurde.

3.2 Zusammenführung

Eine zentrale Voorannahme der Arbeit war, dass die Transporte der Truppen im Hamburger Hafen nicht einfach formale Vorgänge der Militärlogistik waren, die vor allem pragmatisch organisiert und durchgeführt wurden. Zu Beginn der Untersuchung hatte ich die Vermutung gestellt, dass sie Inszenierungen waren, mit denen bestimmte Bedeutungen erzeugt werden sollten. Diese Vorannahme hat sich aus meiner Sicht bestätigt. Anhand der Beschreibungen der jeweiligen Inszenierungstypen wurde deutlich, welche Relevanz es für verschiedene Akteur*innen aus Politik, Militär und Gesellschaft gespielt hat, diesen Transporten eine bestimmte Bedeutung zu verleihen. Zusätzlich konnten bei den Beschreibungen mithilfe des ritualtheoretischen Methodenansatzes verschiedene Formen und Ebenen unterschieden werden, über die die Bedeutungen vermittelt und verliehen wurden. Der Aspekt, den Stollberg-Rilinger als »elementare sozial strukturbildende Wirkung« von Ritualen bezeichnet, ist dabei besonders hervorzuheben.[370] Zentral ist dabei ihre Beschreibung, wie Rituale einerseits den einzelnen Handlungsakt in ein kollektives, überindividuelles Strukturmuster einord-

[370] Stollberg-Rilinger 2013, S. 9.

nen und dieses bestätigen, während andererseits die einzelnen an dem Akt beteiligten Personen dadurch verändert werden.[371]

Das kollektive Strukturmuster als Hintergrund der verschiedenen Inszenierungen bildete dabei das Deutsche Kaiserreich mit seinen dominierenden gesellschaftlichen, politischen und wirtschaftlichen Formierungen, in denen Monarchie, Adel, Kirchen und Militär zusammen mit Nationalismus und Patriotismus einen zentralen Deutungsrahmen darstellten.[372] Bei den Inszenierungen wurde mit den verschiedensten Mitteln stetig auf diesen Deutungsrahmen verwiesen. Im Verlauf der Verabschiedungen wurde den Soldaten ausdrücklich vermittelt, dass sie für das »Vaterland« und das »deutsche Volk« kämpfen würden und damit gleichzeitig für den Kaiser, der für »Vaterland« und »Volk« eine zentrale Identifikationsfigur darstellte. Auch die gespielten Lieder während der Verabschiedungen machten den Bezug zu dem kollektiven Strukturmuster deutlich: Sowohl die »Kaiserhymne« als auch das »Deutschlandlied« hatten ganz klar nationale und patriotische Bezugspunkte.

Nachdem die Soldaten aus dem Krieg zurückgekehrt waren, wurden ihre Taten ebenso in das Deutungsmuster eingeordnet. Hier wurde bei den Ansprachen betont, dass sie in ihren Einsätzen typische Attribute von deutschen Soldaten, wie Tapferkeit, Pflichttreue und Mut, bewiesen hätten. Daher würden sie in Verbindung zu diesem Bild von deutschen Soldaten stehen, welches sie auf ein Neues bewiesen und damit weiter fortgeführt hätten. Der explizite Bezug zum Kaiserreich wurde etwa während der Ansprache von Karl Sauer deutlich, in der er die Einsätze der Soldaten als Dienst für »Kaiser und Reich« bezeichnete und die Soldaten mit denen des Deutsch-Fanzösischen Krieges von 1870/71 gleichgesetzt hatte.[373]

Bei den Empfängen der beiden Generäle ist dies in ähnlicher Weise geschehen. Hier wurde die tradierte Erzählung über die Soldaten auf die leitenden Offiziere ausgeweitet, deren Führung und Kommando die »Leistungen« der Soldaten erst ermöglicht hätten. Zusätzlich wurden die oben genannten nationalistischen und patriotischen Lieder erneut gespielt und Schiffe sowie Kaischuppen in den Nationalfarben und mit Nationalflaggen geschmückt. Die Verleihung von Orden an

[371] Dies., S. 12f.

[372] Ziemann 2016, S. 28–61.

[373] Hamburgischer Correspondent, Abendausgabe, Nr. 597, 19.12.1904, Beilage 2, S. 1.

die Generäle im kaiserlichen Auftrag verdeutlichte ebenfalls die Anerkennung der Taten als besondere Leistungen für das Kaiserreich.

Mit dem Ansatz von Manfred Hettling und Jörg Echternkamp konnte gezeigt werden, dass bei der Inszenierung der »Leichenfeiern« der Bezug auf den nationalen Deutungsrahmen schon grundlegend angelegt war, da es sich um politische Trauerfeiern mit militärischen Ehren handelte. Zusätzlichen Ausdruck fand diese Bezugnahme in den Reden der Militärpfarrer, in denen der Tod der Soldaten als Opfer für das »Vaterland« stilisiert wurde.

Auch der zweite Aspekt der »sozial strukturbildenden Wirkung« der Inszenierungen aus der Ritualtheorie, der sich auf die Veränderung der beteiligten Personen bezieht, wird an verschiedenen Stellen deutlich. Bei der ersten Abfahrt von Truppen aus Hamburg hat General von Bock und Polach die Soldaten als Auserwählte bezeichnet: »Kameraden! Ihr seid die Auserwählten, die der Kaiser bestimmt hat, den Aufstand in Südwestafrika niederschlagen zu helfen und Euren Landsleuten Hilfe zu bringen.«[374] Dies war aber eher die Ausnahme, meistens wurden die Truppen lediglich als Soldaten betitelt, die als Freiwillige für das Kaiserreich kämpften. Bei der Rückkehr war dann aber eine deutliche Veränderung festzustellen. Aus den Freiwilligen waren dann »Helden« oder »Afrikakrieger« geworden. General von Deimling wurde als »wahrer Held« begrüßt, während General Trotha und die anderen Offiziere als »tapfere Männer« Anerkennung fanden, die »Großes« geleistet hätten. Auch die verstorbenen Soldaten wurden in »Helden« umgewandelt, die ihr Leben für das »Vaterland geopfert hätten«.

Die sozial strukturbildende Wirkung lag bei den rituellen Inszenierungen also einmal in der Veränderung des Bildes von den Soldaten, die bei der Ausreise als freiwillig Kämpfende einen besonderen Status hatten und bei der Rückkehr zu »Kriegern« und »Helden« stilisiert wurden, die sich geopfert hatten. Der wichtige Punkt war aber aus meiner Sicht, wie bei den Inszenierungen der Kolonialkrieg und die Taten der Soldaten in das kollektive Strukturmuster des Deutschen Kaiserreichs und in bestimmte, dabei dominierende Erzählmuster eingeordnet wurden. Dabei wurden die Soldaten zunächst in ein Erzählmuster über deutsche Soldaten eingebunden, welches eine Kohärenz von der Gründung des Kaiserreichs bis zu dem damaligen Krieg aufzeigen sollte. Damit sollte die koloniale Kriegsführung in weiter Entfernung in dieses Deutungsmuster mit eingebunden werden, da über

[374] Hamburgischer Correspondent, Abendausgabe, 30.01.1904, Nr. 50, S. 12.

die Soldaten eine Verbindung zur Geschichte des Kaiserreichs hergestellt werden sollte. Das Ziel war, die Akzeptanz für diese Einsätze zu stärken. Die Hurra-Rufe und das »Hochleben lassen« bildeten dabei bestimmte Sprachformeln, die immer wieder bei den Inszenierungen auftauchten und die ein wichtiger Teil waren, um die Zustimmung zu bestimmten Deutungen kollektiv auszudrücken. Mit dieser kollektiven Zustimmung wurden die Akzeptanz und Kohärenz symbolisch dargestellt und intersubjektiv erfahrbar.

Die sozial strukturbildende Wirkung der Inszenierungen konnte mit dem ritualtheoretischen Ansatz aus meiner Sicht gut herausgearbeitet werden. Es sind aber auch andere Aspekte, wie symbolische Verweise, Aufführungscharakter etc., an verschiedenen Stellen der Inszenierungen deutlich geworden. Da bei der Aufteilung der Arbeit die unterschiedlichen Inszenierungstypen im Mittelpunkt standen, wurden diese Aspekte nicht zusammenhängend für die Inszenierungen dargestellt, was an dieser Stelle geschehen soll.

Zwei Aspekte der Ritualtheorie bezogen sich auf die aus dem Alltag herausgehobene Stellung und die symbolische Rahmung des Aufführungscharakters der Inszenierungen. Alle Typen haben sich vom Alltag am Petersenkai unterschieden, sei es durch visuelle Zeichen – wie eine besondere Schmückung der Schiffe und der Kaianlage mit Flaggen und Stoffen – oder akustische Zeichen – wie die Musikkapelle und die Ehrensalven. Die Uniformen der Soldaten waren eine besondere Art der Bekleidung, die im Alltag zumindest nicht in dieser Häufung am Kai zu sehen war und so dazu beitrug, ein besonderes Bild zu erzeugen.

Ein anderer Aspekt der Ritualtheorie, der immer wieder aufgetaucht ist, sind die symbolischen Verweise auf Gemeinschaften und Gesellschaften: In den Reden bei den Inszenierungen wurde betont, dass die Soldaten in den Krieg gefahren seien, um für alle Deutschen und das Kaiserreich zu kämpfen. Bei ihrer Rückkehr und den Trauerfeiern wurde darauf verwiesen, dass sie für das Kaiserreich und alle Deutschen gekämpft und gelitten hätten oder gestorben seien. Ebenso wurden die Soldaten im Namen dieser Gesellschaften begrüßt oder verabschiedet. Es wurde somit stetig auf das Deutsche Kaiserreich oder das »deutsche Volk« verwiesen und in Vertretung dessen gehandelt oder gesprochen.

Dies betraf auch die Performativität von Ritualen, bei der durch den vollzogenen Akt eine verpflichtende Verbindung hergestellt wurde. Mit den Inszenierungen wurde durch den Verweis auf die Nation des Deutschen Kaiserreichs eine symbolische Verbindung zwischen den Soldaten und der Zivilgesellschaft erzeugt, der beide angehörten. Die

Soldaten sollten das Ansehen der Nation bewahren und verschiedene mit diesem verbundene Attribute wie Ehre, Treue und Pflichterfüllung, sollten durch sie erneut bekräftigt werden.

Für diese Funktionen der Inszenierungen war der äußerliche Vollzug wichtig, über den für alle Beteiligten eine gemeinsame Wirkung hergestellt wurde. Hierbei spielten die Zeitungen eine wichtige Rolle. Über die Berichterstattung in den Zeitungen konnte diese Wirkung noch über den Bereich des Baakenhafens als Ort der Inszenierungen hinausgetragen werden. Damit waren die Zeitungen auch in einem gewissen Maße Teil der Inszenierungen, da sie Deutungen übernommen und weitergetragen haben. Auch lassen sich bestimmte Veränderungen, die bei den Inszenierungen eingetreten sind, in der Berichterstattung nachweisen. Nach der übergreifenden Rückbindung der Inszenierungen an die Ritualtheorie, sollen diese Veränderungen jetzt betrachtet und in Verbindung mit Entwicklungen im Kriegsverlauf und im Deutschen Kaiserreich gebracht werden.

Bei der Betrachtung der Truppenverabschiedungen und -empfänge waren einige Veränderungen, sowohl bei den Ereignissen selbst als auch in der Berichterstattung, zu beobachten, für die es verschiedene Gründe gab. Wenn die Verabschiedungen und Empfänge in Verbindung miteinander betrachtet werden, fällt eine zunächst gegenläufige Entwicklung auf: Während bei den Verabschiedungen im ersten Kriegsjahr ein sehr großes öffentliches Interesse vorhanden war, nahm dieses im zweiten Jahr etwas ab und verringerte sich im Verlauf des Kriegs weiter. Auf der anderen Seite spielten die Empfänge im ersten Jahr so gut wie keine Rolle. Es entwickelte sich erst im zweiten Jahr ein lebhaftes Interesse, welches gegen Ende der Transporte nach Hamburg im Sommer 1906 erneut nachgelassen hat. Eine Erklärung hierfür wäre, dass es bei der längerfristigen Berichterstattung über die relativ ähnlichen Ereignisse zu einer Art publizistischem »Abnutzungseffekt« kam, da große Veränderungen oder Entwicklungen bei den Inszenierungen ausblieben, über die im größeren Umfang hätte berichtet werden können. Abgesehen von diesem Effekt innerhalb der Zeitungen selbst, gab es aber einige Entwicklungen und Faktoren auf einer größeren Ebene, die für das Verständnis der Inszenierungen und deren Veränderungen relevant sind.

Unter einem Teil der Soldaten gab es zu Beginn des Kriegs eine große Begeisterung, an diesen Einsätzen teilzunehmen. Dies zeigte sich einerseits an den hohen Zahlen der freiwilligen Meldungen unter den Soldaten für die Einsätze und andererseits an einer geradezu euphorischen Kriegsstimmung unter diesen.[375] Wie Susanne Kuß deutlich macht, lag ihre Motivation in einer Mischung aus Entrüstung über die angebliche Bedrohung und Herausforderung des Kaiserreichs sowie einer verbreiteten Kriegsbegeisterung unter den Soldaten mit dem Bedürfnis, an einem »richtigen Einsatz« beteiligt zu sein.[376] Berthold von Deimling beschrieb seine damalige Motivation, in den Krieg zu gehen, in seiner Autobiografie wie folgt:

> *»Mein Soldatenblut wurde unruhig. Seit dreißig Jahren hatte ich nun meine Pflicht getan oder in der ›Großen Bude‹ in Berlin alle Möglichkeiten des Kriegs auf dem Papier durchdacht. Die letzte Folgerung meines Berufes aber war doch, mich als Soldat vor dem Feinde zu bewähren.«*[377]

Kuß führt weiter aus, dass innerhalb der Armee zu Beginn der Kriege in Ostasien und DSWA ein regelrechter »Kolonialkriegshype« entstand,[378] in dessen Kontext das obige Zitat Deimlings zu sehen ist. Dabei drängten sich zu Beginn des Kriegs in DSWA die Offiziere um ein Frontkommando und erreichten dieses Ziel häufig nur durch gute Beziehungen zum Militärkabinett, wie Helmut Bley bereits 1968 ausführte.[379]

Hierbei wird ein weiterer Aspekt offenkundig, der auch für die anderen Kolonialkriege des Deutschen Kaiserreichs gilt: Diese Kriege waren die ersten größeren kriegerischen Auseinandersetzungen des Deutschen Kaiserreichs seit der Reichsgründung 1871.[380] Die Kriege boten nicht nur den Soldaten die Möglichkeit, Erfahrungen in Kampfeinsätzen zu sammeln, sie bildeten auch eine Projektionsfläche für Nationalismus und Patriotismus im Deutschen Kaiserreich, welche es in der Form vorher nicht gegeben hatte. Dies hat sich unter anderem in der anfänglichen Begeisterung und den ausführlichen Berichten über die ersten Transporte aus Hamburg widergespiegelt.

Wie Merle Zeigerer darlegt, war in der Anfangsphase des Kriegs die Mehrheit der Presse im Deutschen Kaiserreich überzeugt, dass der Krieg mit entsprechenden Truppenverstärkungen beendet werden

375 Kuß 2010, S. 148f.

376 Dies., S. 149.

377 Deimling, Berthold von: Aus der alten in die neue Zeit. Lebenserinnerungen, Berlin 1930, S. 51; zitiert nach: Bley 1968, S. 200.

378 Kuß 2010, S. 149.

379 Bley 1968, S. 201.

380 Zeigerer 2016, S. 19.

könne. Doch wurde schnell klar, dass die Kriegskosten steigen und weitere Verluste mit sich bringen würden.[381] Wenige Erfolgsmeldungen und eine relative Ereignislosigkeit des Kriegsverlaufs führten ebenfalls zu einem Rückgang der Berichterstattung, die von kleineren und größeren medialen Ausschlägen durchbrochen wurde, wie zum Beispiel im Zuge der Vernichtungsproklamation General von Trothas.[382]

Diese Entwicklung auf Reichsebene zeigte sich in ähnlicher Form auch bei den Berichten über die Verabschiedungen in Hamburg. Nach den anfänglich ausführlichen und detailreichen Berichten wurden diese immer formalisierter, da sich bei den Truppenverabschiedungen ein wiederkehrender Ablauf abzeichnete, der sich aus verschiedenen relativ gleichen Teilen zusammensetzte: Zunächst die Ankunft und Einschiffung der Soldaten am Kai, gefolgt von deren Verabschiedung durch verschiedene militärische und offizielle Vertreter*innen und zum Schluss die eigentliche Ausfahrt aus dem Hafen. Daneben gab es aber auch Truppenverabschiedungen, die sich von diesem Grundmuster abhoben und mit zusätzlicher Aufmerksamkeit und extra Berichten gewürdigt wurden. Im ersten Kriegsjahr 1904 unterschieden sich drei Abfahrten von den übrigen: die Abfahrt Lothar von Trothas, den Besuch der beiden Kronprinzen bei einer Abfahrt und der sogenannte »Weihnachtstransport«.

Die Abfahrt von Lothar von Trotha war unter anderem deswegen etwas Besonderes, weil er der neue Oberkommandierende der Schutztruppe war, dessen Einsatz eine neue Wendung in den Verlauf des Kriegs bringen sollte. Allein aus diesem Grund erfuhr dieser Transport eine größere Aufmerksamkeit. Im Großen und Ganzen unterschied sich der Transport in seinem Verlauf aber kaum von anderen Truppenverabschiedungen. Das Protokoll wurde jedoch etwas variiert: Trotha hatte zusammen mit Adolph Woermann und Arnold Amsinck[383] an Bord der *Ernst Woermann* gegessen und später fand ein kurzer Empfang der hochrangigen militärischen Vertreter im Salon des Schiffs statt. Der größte Unterschied war aber laut Zeitungsberichten während der Ausfahrt zu beobachten, bei der an Bord der *Ernst Woermann* nicht die

[381] Dies., S. 68.

[382] Dies., S. 70.

[383] In den Zeitungsberichten wird nur »Direktor Amsinck« genannt, aber in der 1906 erschienenen Broschüre »Die Woermann-Linie während des Aufstandes in Deutsch-Südwest-Afrika« steht sein Name am Ende des Schlusswortes neben Adolph Woermann, Eduard Woermann und Richard Peltzer. Hierzu: o. N. 1906, S. 53.

bekannte gelöst-freudige Stimmung herrschte, sondern die Offiziere ernst von Deck grüßten.[384]

Extra Berichte gab es ebenfalls bei dem Besuch der beiden Kronprinzen August Wilhelm und Oskar bei einem Transport am 12. November 1904. Beide kamen per Zug aus Plön und wurden von Adolph und Eduard Woermann persönlich durch die Geschäftsräume in der Reichenstrasse geführt. Anschließend haben sie die Prinzen ebenfalls an Bord der beiden Schiffe sowie bei der Verabschiedung am Petersenkai begleitet.[385] Wenige Wochen später fand am 23. Dezember 1904 der sogenannte »Weihnachtstransport« statt.[386] Bei diesem Transport gab es zusätzlich zu den »Liebesgaben« des Senats gespendete »Weihnachtsgaben« für die Soldaten, in Form von Schmuck für die mit an Bord genommenen Tannenbäume und Honigkuchen sowie vor allem Tabak und Zigarren.[387]

Bei den Veränderungen und Entwicklungen der Truppenempfänge war vor allem der Verlauf des Kriegs wichtig und erst nachgelagert die Wahrnehmung und Rolle dessen im Kaiserreich. Im ersten Kriegsjahr 1904 wurde kaum über Rücktransporte berichtet, weil zunächst vor allem Verstärkung in die Kolonie geschickt wurde und nur wenige Soldaten nach Hamburg zurückkehrten. Erst ab Anfang 1905 erhöhte sich die Zahl der Rücktransporte, von 259 Soldaten für 1904 auf 1079 Soldaten für 1905.[388] Dies lag laut Sanitätsbericht vor allem an der Verlagerung des Kriegsgeschehens vom Kampf gegen die Herero zum Kampf gegen die Nama, bei dem die Soldaten aufgrund der langen Einsätze im Feld zunehmend an Erschöpfungskrankheiten litten und zur Erholung zurückgeschickt werden mussten.[389] Damit gab es auch vermehrt Rücktransporte, die im Hamburger Hafen ankamen und über die von den Zeitungen berichtet werden konnten. Ab Mitte 1906 wurde begonnen, die Truppen in DSWA planmäßig zu verkleinern,[390] was dazu führte, dass vermehrt größere Transporte in Hamburg ankamen, wodurch sich die Situation im Baakenhafen veränderte.

384 Hamburger Nachrichten, Erste Morgenausgabe, Nr. 353, 21.05.1904, S. 2; Neue Hamburger Zeitung, Morgenausgabe, Nr. 235, 21.05.1904, S. 2.

385 Hamburgischer Correspondent, Abendausgabe, Nr. 534, 12.11.1904, Beilage 1, S. 3f.

386 Hamburger Nachrichten, Abendausgabe, Nr. 904, 23.12.1904, Beilage 1, S. 1.

387 Neue Hamburger Zeitung, Morgenausgabe, Nr. 603, 24.12.1904, S. 2.

388 Kommando der Schutztruppen im Reichs-Kolonialamt 1909, S. 161.

389 Ebd.

390 Kommando der Schutztruppen im Reichs-Kolonialamt 1909, S. 163.

Solange die Transporte in Hamburg landeten, wurden die Truppen direkt nach der Ankunft untersucht und in den Urlaub entlassen, da eine Quarantäne als nicht notwendig erachtet wurde, weil alle Soldaten schon vor ihrer Abreise in DSWA untersucht worden waren.[391] Die ärztlichen Untersuchungen fanden zunächst an Bord der Schiffe statt, wo die Räumlichkeiten aber nicht den Anforderungen entsprachen und daher bald Räume der Woermann-Linie am Kai benutzt wurden, bis diese vor allem durch die Vergrößerung der Transportstärken ebenfalls nicht mehr ausreichend waren.[392] Die Problematik der medizinischen Untersuchung und Unterbringung bei der Ankunft in Hamburg wurde im Juni 1906 besonders deutlich, als auf der *Lulu Bohlen* eine Ruhrepidemie[393] ausbrach, während diese sich auf der Heimreise befand.[394] Da es nicht möglich war, die über 200 erkrankten Soldaten[395] am Kai in Hamburg unter Quarantäne zu stellen und bei einer Quarantäne an Bord befürchtet wurde, die Gewässer der Elbe zu kontaminieren, mussten die Soldaten trotz Krankheit und Ansteckungsgefahr nach Altona oder Berlin gebracht werden.[396]

Diese beiden Ereignisse – Truppenreduzierung und Ruhrepidemie – führten dazu, dass ab dem 25. September 1906 die Truppentransporte in Cuxhaven ankamen. Dort wurden die großen Auswandererhallen der Hamburg-Amerika-Linie angemietet, in denen bis zu 500 Soldaten untergebracht werden konnten und darüber hinaus noch Nebenräume für die medizinischen Untersuchungen vorhanden waren.[397] Zusätzlich gab es in Cuxhaven mit dem Marinelazarett sowie dem städtischen Krankenhaus Möglichkeiten, die wenigen Schwerkranken zu versorgen, sodass in Cuxhaven insgesamt geeignetere Einrichtungen für die geänderten Anforderungen bei den Rücktransporten vorhanden waren.[398]

Für die anderen beiden Typen von Inszenierungen, die ich ausmachen konnte, hat sich ein etwas anderes Bild gezeigt. Bei den Empfängen der beiden Generäle und der »Leichenfeiern« veränderte sich prinzipiell

391 Dies., S. 164.
392 Dies., S. 164f.
393 Ruhr ist eine fiebrige Infektionskrankheit mit einer Entzündung des Darms und dadurch hervorgerufenem starken blutigen Durchfall.
394 Kommando der Schutztruppen im Reichs-Kolonialamt 1909, S. 165.
395 Dies., S. 242.
396 Dies., S. 165.
397 Ebd.
398 Ebd.

kaum etwas im Laufe des Kriegs. Allerdings waren beides im Vergleich eher seltene Ereignisse im Baakenhafen, sodass die Aussagen hier beschränkt bleiben müssen. Die drei »Leichenfeiern« unterschieden sich kaum, weder im Ablauf, noch in der Bedeutung als Inszenierung des soldatischen Ehrentodes für das »Vaterland«. Hier wäre es interessant, weitere Trauerfeiern von in DSWA gefallenen Soldaten zu betrachten, die außerhalb des Baakenhafens stattgefunden haben oder weiterzuverfolgen, wie sich die Beisetzungen der Soldaten von den Trauerfeiern unterschieden. Zusätzlich wäre es interessant, Trauerfeiern im Hamburger Hafen zu vergleichen, die nicht mit dem Krieg in DSWA verbunden waren. Am 17. Mai 1901 gab es am O'Swaldkai im Hansahafen am linken Elbufer eine große Trauerfeier für den Generalstabsoffizier York von Wartenburg, der im Kolonialkrieg gegen China verstorben war.[399] Im Kaischuppen 26 am Petersenkai fand am 3. Januar 1911 eine Trauerfeier für den Major der Schutztruppe Hans Dominik statt, der auf der Rückfahrt nach Hamburg verstorben war.[400] Im Vergleich mit diesen Trauerfeiern wäre es möglich, Unterschiede und Gemeinsamkeiten herauszuarbeiten und so Veränderungen deutlich zu machen, die über den Rahmen der Fragestellung dieser Arbeit hinausgehen.

Zwischen den beiden Empfängen der Generäle von Trotha und von Deimling am Baakenhafen sind ebenfalls nur wenige grundlegende Unterschiede auszumachen. Beide Empfänge waren besondere Inszenierungen, die aus dem gewöhnlichen Rahmen herausstachen und viel Aufmerksamkeit bekommen haben. Dies wird zusätzlich verdeutlicht, wenn die Ankunft des Gouverneurs von DSWA von 1898 bis 1905[401] Theodor Leutwein miteinbezogen wird. Leutwein war am 30. Dezember 1904 mit der *Lucie Woermann* in Hamburg am Petersenkai um 6 Uhr morgens angekommen und ohne größere Inszenierung empfangen worden.[402] Laut verschiedenen Zeitungsberichten waren fast ausschließlich Angehörige am Kaiufer anwesend und lediglich ein Soldat – Oberst von Dassel – war als Vertretung des Oberkommandierenden von Bock und Polach erschienen, um Leutwein in nur einem Satz willkommen zu heißen.[403] Neben dem Oberst von Dassel war keine weitere offizielle Vertreter*in gekommen, weder von der Stadt noch vom Senat. Darüber hinaus war nur Leutweins Sohn am Kai sowie einige

[399] StArch HH: 132-1 I_3373.

[400] StArch HH: 132-1 I_3430.

[401] Schnee 1920, S. 452.

[402] Neue Hamburger Zeitung, Abendausgabe, Nr. 612, 30.12.1904, S. 1.

[403] General-Anzeiger für Hamburg-Altona, Nr. 307, 31.12.1904, S. 3.

Journalisten verschiedener Zeitungen, die Leutwein kurz an Bord begrüßten, bevor dieser weiter in das Hotel l'Europe gefahren ist, um sich auszuruhen.[404] Dort wurde ein Interview über die Lage in DSWA mit Leutwein geführt, was in mehreren Zeitungen abgedruckt wurde, bevor dieser am nächsten Tag nach Berlin weiterfuhr, um dort Bericht zu erstatten.[405] Werden die Ankünfte aller drei Kommandeure der Schutztruppe in DSWA während des Kolonialkriegs zusammen betrachtet, fallen die beiden Empfänge für die Generäle noch einmal besonders auf. Es wird hier aber aus meiner Sicht deutlich, wie eine Ankunft im Hamburger Hafen auch ausgesehen haben kann, wenn eine größere Inszenierung von verschiedenen Behörden und Institutionen nicht gewollt oder vorbereitet war.

Hier wäre es ebenfalls interessant, den Betrachtungsrahmen zu vergrößern, um weitere mögliche Unterschiede und Gemeinsamkeiten in den Blick nehmen zu können. So könnte zum Beispiel die Feier am Abend von Deimlings Rückkehr in der Villa des Reichstagsabgeordneten Semler als Teil des Empfangs des Generals in Hamburg miteinbezogen werden. Bei Trotha wäre es interessant, seine Abfahrt und Ankunft in seinem Stationierungsstandort Trier zu betrachten, da zumindest die Ausreise aus Trier im Mai 1904 für einen kleinen Eklat gesorgt hatte.[406]

Anhand dieser zusammenführenden Betrachtungen sollte deutlich geworden sein, dass es immer wieder Änderungen im Kriegsverlauf gab, durch die die Inszenierungen beeinflusst werden konnten. Wie Merle Zeigerer zur medialen Darstellung des Kolonialkriegs in DSWA feststellt, fällt prinzipiell ebenso auf, dass je länger der Krieg dauerte, die Unterstützung in der Heimat nachgelassen hat.[407] Dies lässt sich prinzipiell auch für die Inszenierungen im Baakenhafen feststellen, auch wenn einzelne Ereignisse mehr Aufmerksamkeit und ein größeres Medienecho bekommen konnten.

Im Gegensatz zu diesen Veränderungen waren die »Liebesgaben«, die im Auftrag des Hamburger Senats an die Soldaten verteilt wurden,

404 Ebd.

405 Ebd.; Neue Hamburger Zeitung, Abendausgabe, Nr. 612, 30.12.1904, S. 1; Hamburger Nachrichten, Abendausgabe, Nr. 920, 30.12.1904, S. 1.

406 Die Neue Hamburger Zeitung hatte sich kritisch zur Ausreise in Trier geäußert, weil Trotha hier feierlich verabschiedet wurde, bevor er etwas geleistet hatte. Dies wurde von der Zeitung und einem ehemaligen Schutztruppensoldaten als schlechter Stil und »alter preußischer und deutscher Sitte« widersprechend kritisiert. Vgl. hierzu: Neue Hamburger Zeitung, Morgenausgabe, Nr. 235, 21.05.1904, S. 1.

407 Zeigerer 2016, S. 70.

eine der Konstanten, die sich über den gesamten Kriegsverlauf hin bei den Inszenierungen gehalten hatten. Es gab nur sehr wenige Verabschiedungen oder Empfänge von Truppen im Baakenhafen, bei denen keine »Liebesgaben« verteilt wurden. Bei den Empfängen von Oberst Leutwein und General von Deimling wurde keine Verteilaktion durchgeführt, während General von Trotha und die mit ihm gereisten Offiziere wieder »Liebesgaben« persönlich von Karl Sauer erhalten haben. Auch bei den »Leichenfeiern« tauchten die »Liebesgaben« auf, da die Soldaten des Transports, mit dem die Leichen verschifft wurden, im Vorfeld der Trauerfeiern »Liebesgaben« erhielten und dann an den Trauerfeiern teilnahmen.[408] Die »Liebesgaben« wurden stets in der Berichterstattung erwähnt, selbst wenn die Berichte sehr kurz waren, was ein weiteres Indiz für ihre Rolle und Bedeutung darstellte. Für die Soldaten bedeuteten die »Liebesgaben« eine Anerkennung ihrer Bereitschaft, in den Krieg zu ziehen, und repräsentierten ein Andenken an diese Zeit. Dies verdeutlicht ein Bericht aus der Morgenausgabe des Hamburgischen Correspondenten vom 30. September 1904, in dem eine kleine Dankesrede des Transportführers wiedergegeben wurde:

> *»Der Transportführer Herr Major Bauer hielt hierbei eine Ansprache an die Truppen, in der er darauf hinwies, daß die Spende des Senats der Stadt Hamburg ein dankbar zu erkennender Beweis dafür sei, daß Hamburg diejenigen ehre, die hinausziehen nach dem fernen Deutsch-Südwestafrika, um dort ihr Bestes einzusetzen zur Wiederherstellung ruhiger geordneter Zustände. Seine Rede schloß mit einem dreifachen Hurra für den Senat und die Bürger Hamburgs.«*[409]

Von der Seite des Senats fanden sich keine Auskünfte darüber, warum die Liebesgaben verteilt wurden und welche Intention dahinterstand. Es existiert hierzu allerdings ein Hinweis aus dem Jahr 1901 während des Kolonialkriegs in China. Karl Sauer, der bereits damals als erster Vorsitzender des Roten Kreuzes in Hamburg agierte, hatte im März 1901 an das Kriegsministerium geschrieben, um über die Absicht des Senats zu informieren, einen für April angekündigten Transport mit 222 Soldaten zu bewirten, der in Hamburg per Schiff ankommen soll-

[408] Hamburgischer Correspondent, Abendausgabe, Nr. 146, 20.03.1905, Beilage 1, S. 2.

[409] Hamburgischer Correspondent, Morgenausgabe, Nr. 500, 01.10.1904, Beilage 2, S. 2.

te.[410] In dem Antwortschreiben des Kriegsministeriums wurde Sauer darüber informiert, dass das Kriegsministerium den Kaiser über die von Sauer »erwähnten patriotischen Absicht[sic] des Hohen Senats der Freien und Hansestadt Hamburg, die aus China heimkehrenden, in Hamburg ausgeschifften Truppen zu bewirthen«, benachrichtigen werde.[411] An dieser Stelle wird seitens des Kriegsministeriums auf eine patriotische Motivation des Hamburger Senats verwiesen. Ich halte es allerdings für wahrscheinlich, dass politische Einflussnahme und Prestige auf Reichsebene ebenso Motivationsgründe für den Senat darstellten und diese sich mit patriotischen Absichten mischten. Für den Kolonialkrieg in DSWA habe ich leider keine dahin gehenden Hinweise gefunden, gehe aber davon aus, dass zumindest in der Grundtendenz ähnliche Absichten vorherrschten. Diese Kontinuität bei der Verteilung der »Liebesgaben« deute ich als weiteres Zeichen für ein Interesse des Senats an den Inszenierungen im Baakenhafen.

Am 19. März 1907 wurde auf Erlass des Kaisers hin eine »Denkmünze zur Erinnerung an die kriegerischen Ereignisse in Südwestafrika« gestiftet, die in Kupfer an Kriegsteilnehmer und in Stahl an Nicht-Kriegsteilnehmer, was sowohl Armeeangehörige als auch zivile Personen beinhaltete, verteilt wurde.[412] Mit der Medaille in der Ausführung aus Stahl sollten Personen geehrt werden, die sich bei den Vorbereitungen zur Aufstellung und Entsendung der südwestafrikanischen Streitkräfte besonders engagiert hatten, wobei auch explizit Angehörige der Reedereien und Schiffsbesatzungen gemeint waren.[413] Auf Bitte der Preußischen Gesandtschaft in Mecklenburg und den Hansestädten vom Oktober 1907 wurden von Senat und Rotem Kreuz mehrere Listen mit Vorschlägen über die zu ehrenden Personen erstellt.[414] Die hier gelisteten Personen kamen aus den unterschiedlichsten gesellschaftlichen Schichten und reichten von Lagerarbeiter*innen über Ärzt*innen und Jurist*innen bis zu Bankdirektor*innen und Reeder*innen.[415] Hier tauchten mit Karl Sauer und den Brüdern Adolph und Eduard Woermann auch einige Personen auf, die bei den Inszenierungen im Baakenhafen beteiligt waren.[416] Auch wenn aus den Listen nicht hervorgeht,

[410] StArch HH: 111-1_46618.
[411] Ebd.
[412] StArch HH: 132-1 I_671.
[413] Ebd.
[414] Ebd.
[415] Ebd.
[416] Ebd.

welche Personen die Medaille erhalten haben, wird an der Schaffung einer solchen Medaille für die an den Transporten beteiligten Personen deutlich, dass den Inszenierungen von höchster Regierungsebene eine besondere Relevanz beigemessen wurde. Damit wäre eine Interessen- und Einflusssicherung des Senats auf Reichsebene eine mögliche These für die Beteiligung dessen an den Inszenierungen im Hafen.

Im Zusammenhang mit Fragen zum größeren politischen Umfeld der Inszenierungen ist eine Arbeit von Tobias von Elsner interessant, in der er sich mit einer veränderten Festkultur im Deutschen Kaiserreich in der Regierungszeit von Wilhelm II. auseinandersetzt und dabei untersucht, wie sich diese in Hamburg etabliert hat.[417] Anhand der Untersuchung von einzelnen Feiern und wiederkehrenden Festtagen macht Elsner deutlich, wie sich einerseits in diesen Feiern »die Eingliederung Hamburgs ins Wilhelminische Deutschland« widerspiegelte und sich andererseits an der Organisation, dem Ablauf und den Festreden der damalige Patriotismus des Hamburger Bürgertums zeigte.[418] Aus dieser Arbeit sind verschiedene Punkte für die Überlegungen hier interessant, um sowohl die Motivation des Senats besser zu fassen, als auch zu verstehen, wie sich die Inszenierungen in diese Festkultur einfügten.

Elsner macht deutlich, wie sich in Hamburg die politische, soziale und ökonomische Situation in der zweiten Hälfte des 19. Jahrhunderts grundlegend veränderte und dabei die Hoheitsrechte zunächst an den Norddeutschen Bund und dann an das Deutsche Kaiserreich übergingen.[419] Diese Veränderungen bedeuteten aus der Sicht des Senats eine viel stärker nötige Anbindung an die politische Struktur des Kaiserreichs, und somit auch der preußischen Hohenzollernmonarchie, um die Interessen der Stadt Hamburg durchzusetzen, was sich laut Elsner an der Festkultur ablesen lässt. Der erste offensichtliche Schritt war hierbei die »pompöse Einzugsfeier« von 1871 auf dem Rathausmarkt, bei der die im Deutsch-Französischen Krieg militärisch erfolgreichen preußischen Truppen des Hanseatischen Infanterieregiments Nr. 76 jubelnd empfangen wurden.[420] Danach folgten national beachtete Ereignisse, wie der Zollanschluss 1888, mit den entsprechenden Feierlichkeiten zur Schlusssteinlegung[421] und der Eröffnungsfeier des heutigen

[417] Elsner 1991, S. 1f.
[418] Ders., S. 562.
[419] Ders., S. 542.
[420] Ders., S. 541.
[421] Ders., S. 541–544.

Nord-Ostsee-Kanals 1895.[422] Daneben wurden jährliche nationale Feiern, die sich auf das Deutsche Kaiserreich bezogen, wie Kaisergeburtstage und Sedanfeiern, immer relevanter innerhalb des Hamburger Bürgertums und zu dessen nach außen gerichteten »Manifestation hanseatischer Kaisertreue«[423]. Die Verbindung zwischen Hamburg und dem Kaiserreich wurde ebenfalls durch die seit 1897 jährlich stattfindenden Besuche des Kaisers im Rahmen von Sportereignissen, wie der Regatta auf der Unterelbe und einem Pferderennen auf der Horner Rennbahn, verstärkt.[424]

Die engen Verbindungen zwischen Kaiserreich und Hamburg lagen dabei nicht nur im Interesse des Senats. Wilhelm II. konnte laut Elsner bei zentralen Punkten seiner Großmachtpolitik auf die Unterstützung des nationalliberal und konservativ eingestellten Bürgertums zählen, denn »Flottenrüstung und Kolonialpolitik wurden in Hamburg ebenso gutgeheißen wie das Weltmachtstreben des Deutschen Reiches«[425]. Diese Verbindungen wurden noch unterstrichen durch die enge Beziehung von Bürgermeister Burchard und Kaiser Wilhelm II. in den Jahren von 1902 bis 1912, als Burchard mehrfach als Erster Bürgermeister tätig war.[426] Burchard war schon als Senator ein Patriot und begeisterter Anhänger des Kaisers gewesen,[427] hatte den Großmachtanspruch und die Flottenpolitik des Deutschen Kaiserreichs vertreten sowie das militärische Zeremoniell bei Kriegervereinen und staatlichen Feiern in Hamburg gefördert.[428] Burchard unterstützte die Kolonialpolitik des Kaiserreichs und äußerte sich an verschiedenster Stelle immer wieder positiv gegenüber dieser Politik, wie auch am 14. Februar 1906 bei der Feier zum zehnjährigen Bestehen der Hamburger Abteilung des Deutschen Kolonialvereins nur knapp vier Wochen nachdem er Lothar von Trotha persönlich am Petersenkai begrüßt hatte.[429] Bei dieser Feier sprach er auch über den Kolonialkrieg in DSWA und drückte seine Begeisterung und Unterstützung aus:

> *»Ich denke an die Propaganda der Tat, im fernen Südwestafrika, das deutsche Soldaten* […] *jetzt mit ihrem Blut und Leben ver-*

[422] Ders., S. 544f.
[423] Ders., S. 547f.
[424] Ders., S. 460f.
[425] Ders., S. 548.
[426] Ders., S. 418f.
[427] Ders., S. 550.
[428] Ders., S. 420.
[429] Ders., S. 505–508.

teidigen, an die Schar der Männer, die freiwillig hinausgegangen sind [...] *unter unendlichen Strapazen und unglaublichen Entbehrungen uns zu erhalten bestrebt sind. Unsere Krieger in Südwestafrika hoch – hoch – hoch!«*[430]

An den Darstellungen Elsners wird aus meiner Sicht erkennbar, dass die Beweggründe des Senats für das langfristige Engagement bei den Inszenierungen wahrscheinlich auf eine Mischung aus Patriotismus und politischer Einflussabsicherung zurückgingen. Auch werden noch einmal bestimmte Verbindungen und Rollen deutlich: Die Musikkapelle des 76. Regiments ist mehrfach bei den Inszenierungen aufgetaucht und ihre Beteiligung dürfte die national-symbolische Wirkung der Inszenierungen noch verstärkt haben. Ebenso erscheint die Anwesenheit Burchards bei Trothas Empfang in einem anderen Licht, wenn klar ist, dass Burchard den Großmachtanspruch und den Kolonialkrieg unterstützte. Prinzipiell macht das Beispiel Burchards deutlich, welche politische Position im Senat zur Kolonialpolitik und zum Kolonialkrieg vertreten wurde. Da sich die politischen Interessen der Reichsregierung und des Kaisers mit denen des Hamburger Senats in wichtigen Punkten gedeckt haben, wird damit das langfristige Engagement des Senats bei den Inszenierungen zur Absicherung des politischen Einflusses plausibler.

Anhand eines Schreibens aus dem Reichs-Kolonialamt in Berlin an den Senat vom 31. Dezember 1907 lässt sich verdeutlichen, dass dessen Engagement auf der Reichsregierungsebene wahrgenommen und anerkannt wurde.[431] Der Staatssekretär des Reichs-Kolonialamts Bernhard Dernburg hat in diesem Schreiben dem Senat im Namen der Schutztruppe für die Empfänge und die »Liebesgaben« bei den Truppenempfängen gedankt.[432]

»Der Abschluß des Jahres, das unserer Kolonie Südwestafrika den Frieden wiedergebracht und einen Teil der Schutztruppenangehörigen ermöglicht hat, in das Vaterland zurückzukehren, gibt mir Veranlassung, dem hohen Senat der Stadt Hamburg im Namen der Schutztruppe und aller Heimgekehrten den verbindlichsten Dank auszusprechen für den Empfang, der den Offizieren wie

430 Hamburgischer Correspondent, Morgenausgabe, Nr. 81, 14.02.1906, Beilage 3, S. 1.

431 StArch HH: 132-1 I_180.

432 Ebd.

Reitern in den ersten Stunden nach ihrer Rückkehr auf heimatlichen Boden durch die Stadt Hamburg stets in so würdiger Weise bereitet wurde und für die Erinnerungsgaben, die ihnen hierbei überreicht worden sind.

Insbesondere bitte ich, dem Herren Amtsverwalter Dr. Kaemmerer, der als Beauftragter des Senats jeden der Transporte begrüßte und den Heimgekehrten in beredeten Worten die Anerkennung und Grüße des Vaterlandes aussprach, meinen wärmsten Dank zu übermitteln.

Die schönen Begrüßungsfeierlichkeiten werden den heimgekehrten Kriegern gewiß eine unvergeßliche Erinnerung bleiben.«[433]

Das Schreiben wurde am 3. Januar 1908 von Bürgermeister Burchard persönlich im Senat vorgetragen und zur Kenntnis genommen, wie aus einem Senatsprotokollauszug hervorgeht.[434] Anhand dieser Korrespondenz wird deutlich, dass die Inszenierungen auch nach fast vier Jahren noch auf hoher Verwaltungsebene thematisiert wurden und die Stadt Hamburg sich sicher sein konnte, dass ihr Engagement im Reichs-Kolonialamt an höchster Stelle wahrgenommen und anerkannt wurde.

433 Ebd.
434 Ebd.

4 Schluss / Fazit

> *»Das größere Deutschland.*
> [...] *Das Fahrzeug ist ein Haus der Hansa, ein deutsches Haus.* [...] *Auf den beigelegten Ladebäumen, auf der vierkantingen Spreelatte am Bug sitzen sie und stehen sie, die Krieger, die die große Mutter Germania hinaus senden will, um mordbrennerische, schwarze Volksstämme zum Frieden zu bringen.* [...] [Zwei Schlepper] *verbinden sich durch eiserne Trossen mit dem Schiffskoloß, der ein schwimmendes Stück Deutschland repräsentiert und im fernen dunklen Weltteil für deutsche Macht und Art wirken soll.* [...] *Auf dem ›Bürgermeister‹ grüßt sie Senator Dr. Lappenberg als Vertreter Hamburgs. Weil unser Vaterland größer sein muß, müssen die wackeren Scharen hinaus in die bedrohte Kolonie.«*
> *Neue Hamburger Zeitung, Morgenausgabe, Nr. 63, 07. Februrar 1904, S. 2f.*

Die Untersuchung der Truppentransporte für den Kolonialkrieg in DSWA hat deutlich gemacht, dass der Hamburger Hafen für diesen Kolonialkrieg der zentrale Hafen im Kaiserreich war. Nahezu alle Truppen wurden von dort in den Krieg verschifft und ein großer Teil kam dort auch wieder an. Zusätzlich wurden von dort über 11 000 Pferde und große Mengen Material in den Krieg per Schiff transportiert.

Von insgesamt 43 Truppentransporten zum Kriegsschauplatz mit 19 568 Militärangehörigen, die für den Zeitraum von Januar 1904 bis Mai 1906 recherchiert werden konnten, wurden 18 872 Militärangehörige vom Petersenkai im Baakenhafen verschifft. Da ab Mitte 1906 planmäßig begonnen wurde, die Truppenzahl in DSWA zu verringern, kann man davon ausgehen, dass dies die ungefähre Gesamtzahl verschiffter Truppen für diesen Krieg ist und somit über 90 Prozent der Soldaten und Militärangehörigen aus Hamburg transportiert wurden. Zusammen mit den Soldaten wurden bei den Truppentransporten 11 065 Pferde transportiert, für die verschiedenen Schiffe extra umgebaut wurden, sodass nur 0,6 Prozent der Pferde beim Transport verstarben.[435] Für die Bewältigung der großen Warentransporte im Zuge des Kriegseinsatzes musste die Woermann-Linie zunächst Schiffe anderer Reedereien anmieten, bis eigene neu bestellte Schiffe fertiggestellt waren.[436] Diese Transporte wurden ebenfalls über den Petersenkai abgewickelt, da mit den Kaianlagen und -schuppen dort die entsprechende Infrastruktur vorhanden war, um die Transporte flexibel sowie zeit- und kostengünstig durchzuführen.

Bei den Rücktransporten ändert sich dieses Bild etwas: Von den insgesamt 53 nachgewiesenen Rücktransporten mit insgesamt 10684 Militärangehörigen kamen 34 Transporte mit 4273 Militärangehörigen am Petersenkai an, was einem Prozentsatz von ungefähr 40 Prozent der hier recherchierten Militärangehörigen entsprach. Allerdings sind die Zahlen für ganz Hamburg und den gesamten Krieg hier weniger aussagekräftig als bei den Abfahrten, da kleinere Rücktransporte nicht in den Statistiken geführt wurden und diese im April 1907 endeten, als sich noch über 9000 Militärangehörige in DSWA befanden. Daneben sind zwölf der Rücktransporte mit über 5000 Militärangehörigen in Cuxhaven angekommen, was damals zu Hamburg gehörte und daher diese Transporte ebenfalls im Namen des Hamburger Senats begrüßt wurden. Aufgrund der Fragestellung wurden in dieser Arbeit Transporte im Baakenhafen berücksichtigt. Wird die Perspektive allerdings auf Cuxhaven erweitert, ergibt sich, dass 10605 von insgesamt 10684 Militärangehörigen im Hamburger Verwaltungsgebiet ankamen und im Auftrag des Senats empfangen wurden, was 99 Prozent der hier recherchierten Rücktransporte entspricht. Für ein detaillierteres Bild sind hier zusätzliche Recherchen zu dem Zeitraum ab April 1907 notwendig.

Insgesamt ergeben die Untersuchungen zu den Truppentransporten im Kolonialkrieg in DSWA für den Petersenkai im Baakenhafen eine Mindestanzahl von 73 Transporten mit 23145 Militärangehörigen und 11065 Pferden, die zwischen Januar 1904 und Mai 1907 dort ankamen oder abfuhren. Dies ergibt für den Zeitraum im Durchschnitt ungefähr alle zwei Wochen einen Transport, der im Kontext des Kolonialkriegs stand. Aus den hier zusammengetragenen Zahlen wird die zentrale Bedeutung des Baakenhafens und besonders des Petersenkais für den Kolonialkrieg in DSWA deutlich. Damit hat sich die anfangs aufgestellte

[435] O. N. 1906, Anlage 2.
[436] Dies., S. 10.

These, dass der Baakenhafen als zentraler Ort der Kolonialgeschichte Hamburgs anzusehen ist, bestätigt.

Die Untersuchung der Ereignisse im Baakenhafen mit dem Ansatz aus der historischen Ritualtheorie und den Vorüberlegungen zu Inszenierungen aus der Kolonialkulturforschung haben zusätzlich deutlich gemacht, dass die Truppentransporte nicht einfach formelle logistische Prozesse waren, die nur unter pragmatischen Gesichtspunkten durchgeführt wurden. Wie im Verlauf dieser Arbeit gezeigt werden konnte, wurde vonseiten des Militärs, der Reedereien und des Senats der Stadt Hamburg ein großer Aufwand betrieben, um diese Transporte mit Bedeutungen zu versehen. Mithilfe des ritualtheoretischen Ansatzes konnten dabei verschiedene Formen und Ebenen der Bedeutungen herausgearbeitet und in Beziehung zueinander gesetzt werden. Diese unterschiedlichen Formen und Ebenen waren zum Beispiel verschiedene akustische und visuelle Zeichen, die wichtige Teile der Inszenierungen waren, verschiedene performative Handlungen, bei denen aus Freiwilligen und Soldaten Krieger, Helden und Opfer wurden, sowie eine grundlegende Öffentlichkeit bei den Inszenierungen, über die eine intersubjektiv nachvollziehbare Wirkung entstehen konnte.

Ein zentraler Bezugs- und Bedeutungspunkt war dabei »das Deutsche Kaiserreich« als Ideen- oder Denkfigur, auf das sich die Inszenierungen bezogen. Eine Ebene bildeten dabei die vielfältig verwendeten nationalen Symbole, wie die Nationalfahne und die Nationalfarben schwarz-weiß-rot zur Schmückung des Raums, die verschiedenen Uniformen oder das Spielen und gemeinsame Singen von nationalistischen Liedern, wie dem »Deutschlandlied« und der »Kaiserhymne«.

Die verschiedenen Reden, in denen sich immer wieder konkret auf »das Kaiserreich« oder pathetischer auf »das Vaterland« und »die Heimat« bezogen wurde, waren eine weitere wichtige Ebene in den Inszenierungen. Darin wurden verschiedene nationalistische Sinndeutungen der Inszenierungen ausformuliert und vorgegeben, wenn zum Beispiel gesagt wurde, dass die Soldaten für dieses »Vaterland« fern der »Heimat« kämpfen würden oder sich dafür geopfert hätten. Auf der anderen Seite wurden die Soldaten auch im Namen des gesamten Landes und der Zivilgesellschaft verabschiedet oder begrüßt, sodass bei den Inszenierungen nicht nur auf die Nation als Bezugspunkt verwiesen wurde, sondern auch in deren Namen etwas getan wurde und die anwesenden Personen diese auch repräsentieren würden.

Bei den Truppenverabschiedungen wurde besonders deutlich, welche Aufmerksamkeit die Inszenierungen innerhalb Hamburgs erreichen und welche Stimmung und Begeisterung dabei vorherrschen konnten. Diese Stimmung wurde eindrucksvoll auf verschiedenen Fotos von Truppenverabschiedungen am Petersenkai abgebildet, die vor allem die begeistert jubelnden und winkenden Soldaten an Deck der ablegenden Schiffe zeigten. Ebenso wurden die Stimmung und Begeisterung in vielen Zeitungsartikeln beschrieben, in denen ausführlich und detailreich über die Inszenierungen berichtet wurde. In dem Zitat am Anfang dieses Teils, aus einem Artikel über eine Truppenverabschiedung im Februar 1904, wird die Sprache und Metaphorik noch einmal deutlich, mit der über diese Inszenierungen berichtet wurde. Über die Fotos und Zeitungsartikel konnte gezeigt werden, dass die Transporte ein großes Publikum angesprochen haben, welches direkt am Petersenkai an den Verabschiedungen teilgenommen hat oder an verschiedenen Ufern und Kaimauern entlang des Hafens stand, um den ausfahrenden Soldaten zuzujubeln. Wenn sich bei diesen Verabschiedungen verschiedene Faktoren, wie Abfahrtszeit und Wetter, auf günstige Weise ergänzten, konnten dies mehrere Tausend Menschen sein, deren Jubel die Schiffe teilweise bis hinter Blankenese begleitet hat. Es wird also deutlich, dass es hier nicht um kleine Veranstaltungen ging, die versteckt in einer Ecke des nicht öffentlich zugänglichen Freihafens stattfanden. Vielmehr konnten dies Ereignisse sein, die stadtweit für Aufmerksamkeit sorgten und deren Wirkung weit über den Baakenhafen hinausreichte.

Bei den Truppenempfängen war die Situation wieder etwas anders. Im Baakenhafen kamen viele kleinere und mittlere Transporte an, die nicht mit extra Schiffen transportiert wurden, sondern Teil des regulären Linienverkehrs waren. Diese Transporte wurden aber ebenso offiziell und wirkungsvoll in Empfang genommen, wobei die Wirkung der Inszenierungen hier im Vergleich mit den großen Verabschiedungen eher auf den Baakenhafen beschränkt blieb. Bei den Ankünften waren verschiedene Vertreter des Militärs und des Senats anwesend sowie die Angehörigen der Soldaten. Die Stimmung bei den Empfängen am Petersenkai war ruhiger als bei den Abschieden, vermutlich da hier auch oft Verletzte oder Invalide ankamen.

Ausnahmen bildeten hierbei die Empfänge der beiden Generäle Lothar von Trotha und Berthold von Deimling am Petersenkai. Beides waren Empfänge, die größere Aufmerksamkeit in Hamburg erhielten und über die ausführlich berichtet wurde, wobei der Empfang Lothar von Trothas etwas mehr hervorstach. Hier gab es am Petersenkai eine Festbeflaggung in den Nationalfarben, eine Musikkapelle spielte und die Polizei musste das große Publikum am Kai ordnen. Zusätzlich gab es ein großes Empfangskomitee bestehend aus vielen Repräsentant*innen des Militärs, der Reedereien und des Senats, inklusive Bürgermeister Burchard. Bei Deimling wurde zwar nicht von einer Festbeflaggung berichtet, aber die Musikkapelle des 76. Regiments spielte Musik am Hafen, als Teil der offiziellen Begrüßungszeremonie und Unterhaltung des Publikums. Beide Empfänge am Petersenkai haben seitens der Presse und des Bürgertums viel Aufmerksamkeit erfahren und es zeigte sich, aus welchen unterschiedlichen gesellschaftlichen Bereichen sich an den Inszenierungen beteiligt wurde.

Die Trauerfeiern fanden im Vergleich zu den anderen Inszenierungen in eher kleinem Rahmen statt und waren als grundsätzlich militärische Trauerfeiern auch weniger öffentlich zugänglich. Sie erfolgten innerhalb eines Kaischuppens, der dafür mit großem Aufwand zu einem kapellenartigen Raum mit Altar und Kreuz umgestaltet wurde. Diese kleineren Feiern waren sehr symbolträchtig, da hier der Tod der Soldaten als »Heldentod« für das »Vaterland« inszeniert wurde.

Wie vorher bereits erwähnt, wurde bei den Inszenierungen der Truppentransporte im Baakenhafen von verschiedenen Akteuren und mit verschiedenen Mitteln versucht, Deutungen zu etablieren, in denen Nationalismus und Vorstellungen von der eigenen Überlegenheit zentrale Bezugspunkte bildeten. Diese Deutungen bei den Inszenierungen waren allerdings weiter gefasst als nur die Betonung eines nationalen Rahmens, denn in diesen Inszenierungen war kolonialistisches Denken und Handeln mit eingebunden.

Der Hintergrund für die Inszenierungen war die Führung eines Kolonialkriegs zum Machterhalt in einer deutschen Kolonie, woraus sich ein kolonialer Deutungsrahmen der Ereignisse ergibt. Über die stetige Bezugnahme auf einen nationalen Kontext in den Inszenierungen wurde die Führung des Kolonialkriegs in diesen Kontext eingebunden und es wurde so eine Kohärenz zwischen Kolonialpolitik und einem nationalistisch geprägten Selbst- oder Sinnbild hergestellt. Indem die gleichen nationalen Symbole, Rituale und Inszenierungsformen verwendet wurden, wie bei anderen Anlässen in denen ein nationaler Bezug hergestellt wurde, wurde im Kontext der Inszenierungen deutlich gemacht, dass Kolonialismus und der Besitz von Kolonien Teil der politischen Zielsetzungen im Deutschen Kaiserreich waren.

Diese Verbindung von Kolonialismus und Nationalismus war weder innerhalb des Kaiserreichs noch in anderen kolonisierenden Ländern etwas Neues. Wie Birthe Kundrus deutlich macht, wurde Nationalismus und Kolonialismus in allen europäischen Nationen im 19. Jahrhundert eng miteinander verknüpft.[437] Im Kontext dessen entwickelte sich auch im deutschsprachigen Raum und später im Deutschen Kaiserreich eine Diskussion zwischen Kolonialbefürwortern und Kolonialskeptikern über Vor- und Nachteile von kolonialen Ansprüchen und einer darauf bezogenen nationalen Identität, die mit der Inbesitznahme von Kolonien eine konkrete Projektionsfläche erhielt.[438] Kundrus stellt dabei grundsätzlich fest, dass dieser Diskurs

> *»ebenso wie z. B. die Heimatkunstbewegung oder die Einführung von nationalen Gedenkfeiern zum Ensemble der nationalen Identitätsfindung nach 1871 [gehörte]. Insofern war Kolonialismus ein reflexiver kultureller Vorgang, der nicht nur in den Kolonien, sondern auch in der Metropole Spuren hinterließ.«*[439]

Ich verstehe diesen Diskurs als den kontextuellen Hintergrund, vor dem die Inszenierungen im Baakenhafen zu sehen sind. Bei den Inszenierungen wurde der Zusammenhang zwischen Kolonialismus und Nationalismus über die verschiedenen Handlungen, Symbole und Deutungen hergestellt. Für die anwesenden Personen schien es selbstverständlich oder zumindest plausibel gewesen zu sein, dass die expansiven Interessen des Kaiserreichs und des »deutschen Volkes« in Afrika verteidigt werden mussten. Als Konsequenz war es aus dieser Perspektive nötig, Soldaten in diesen Krieg zu senden und sie mit derselben Symbolik und denselben Feierlichkeiten wie bei anderen nationalen Anlässen zu verabschieden und zu begrüßen. Dieser Sinnzusammenhang wurde bei den Inszenierungen symbolisch dargestellt und kollektiv aufgeführt.

Bei diesen Inszenierungen sind verschiedene Akteursgruppen identifiziert worden, von denen drei eine zentrale Rolle einnahmen. Diese waren das Militär, mit den verschiedenen Militärbehörden und -abteilungen, die Reedereien, bei denen die Woermann-Linie die zentrale Rolle einnahm, und der Hamburger Senat, als zentraler Handlungsträger der lokalen Politik. Dabei waren die Rollen von Militär und Reedereien im Voraus schon relativ plausibel, da die Soldaten die zentrale Gruppe bei den Inszenierungen bildeten und eine große Beteiligung seitens der Militärbehörden zu erwarten war. Durch die Monopolstellung der Woermann-Linie als Logistik- und Transportdienstleister in

[437] Kundrus 2003, S. 1.
[438] Dies., S. 1–27, hier besonders S. 9.
[439] Dies., S. 10.

diesem Kolonialkrieg war auch deren zentrale Beteiligung zu erwarten. Die aktive Beteiligung des Hamburger Senats und dessen konstante Rolle bei den Inszenierungen stellt aus meiner Sicht jedoch eine der zentralen Erkenntnisse dieser Arbeit dar.

Die Woermann-Linie hat bei den Inszenierungen im Vergleich zu den anderen Akteuren mehr im Hintergrund agiert und vor allem Infrastruktur und Räumlichkeiten zur Verfügung gestellt, während Militär und Senat im Vordergrund standen. Beide Seiten verfolgten dabei das Ziel, die Bedeutung des Kriegs – und damit auch der Truppentransporte – für das Deutsche Kaiserreich öffentlichkeitswirksam zu vermitteln. Beim Senat kamen dabei noch eigene wirtschaftliche und politische Interessen für den Standort Hamburg hinzu, die bei einer Rede von Karl Sauer im Namen des Senats an die abfahrenden Soldaten bei einer Truppenverabschiedung im April 1904 deutlich wurden:

> *»Im Auftrage des Hamburger Senats begrüße ich Sie. Daß Hamburg gerade ein ganz besonderes Interesse an der Niederwerfung des Aufstandes in unseren südwestafrikanischen Kolonien, wie überhaupt an allen überseeischen Unternehmungen des Deutschen Reiches nimmt, die darauf gerichtet sind unsere Handels- und Schiffahrtsinteressen zu heben und zu stärken, ist in der Natur seiner Lebensbedingungen begründet.«*[440]

Auf die Stadt Hamburg fokussierend, haben die Untersuchungen dieser Arbeit gezeigt, dass die Inszenierungen eine wichtige Rolle gespielt und einige der Ereignisse große Aufmerksamkeit vonseiten der Politik, der Presse und der Zivilgesellschaft erfahren haben. Damit sind sie ein Beispiel für das öffentliche Interesse innerhalb Hamburgs, welches während der aktiven Kolonialpolitik des Kaiserreichs an Themen gezeigt werden konnte, die mit Kolonialismus verbunden waren. Dieses Interesse war aber nicht dauerhaft präsent und bemerkbar in der Stadt, sondern wurde durch bestimmte Ereignisse angesprochen, die einen konkreten Anlass dafür boten, wie zum Beispiel die Inszenierungen der Truppentransporte im Baakenhafen.

Auf landesweiter Ebene war dieses große Interesse an den Inszenierungen in Hamburg vermutlich nicht vorhanden, wie ein Beispiel aus dem Jahr 1911 vermuten lässt. Am 3. Januar 1911 fand im Schuppen 26 am Petersenkai eine große Trauerfeier für Hans Dominik, den Kommandierenden der Schutztruppe in Kamerun, statt, der während der

440 Hamburger Nachrichten, Abendausgabe, Nr. 141, 25.02.1904, Beilage 1, S. 2.

Überfahrt nach Hamburg an Bord der *Eleonore Woermann* verstorben war.[441] Über diese Trauerfeier wurde ausführlich in der Hamburger Presse mit langen Artikeln berichtet, die als Teil einer Presseschau von insgesamt 18 Artikeln zum Tode Dominiks in einer Akte der Senatskommission für »Reichs- und auswärtige Angelegenheiten« abgelegt wurden.[442] Wie Wilfried Speitkamp am Beispiel der Berichterstattung über die Beerdigung Hans Dominiks erläutert, haben solche Trauerfeiern in der breiten Öffentlichkeit des Kaiserreichs wenig Resonanz gefunden und »[selbst] der keineswegs unbekannte Kameruner Kolonialoffizier Hans Dominik erhielt in der überregionalen Tagespresse wie der Frankfurter Zeitung keinen Nachruf«.[443]

Diese Arbeit soll prinzipiell als Erschließung eines Themenfeldes zu verstehen sein, in der eine erste Orientierung im Thema stattfindet. Es sollte hier kein in sich geschlossenes Thema präsentiert werden, welches umfassend bearbeitet und abgeschlossen werden sollte. Vielmehr verstehe ich diese Arbeit als Vorarbeit, um in weiteren Schritten das Themenfeld räumlich und zeitlich erweitern zu können und einen größeren Blick auf das Thema zu bekommen. Darüber können die begonnenen Untersuchungen vertieft werden und Auslassungen im Thema erschlossen werden, die sich aus den Fragestellungen ergeben haben.

Ein erster naheliegender Schritt wäre die räumliche Beschränkung auf den Baakenhafen aufzuheben. Damit würden die schon erwähnten Truppenempfänge in Cuxhaven ab Sommer 1906 in den Blick geraten und es wäre möglich, die Empfänge im Baakenhafen und in Cuxhaven vergleichend zu analysieren. Dadurch wäre die Rolle des Senats in Bezug auf die Truppenempfänge besser zu bewerten, wobei hier eine noch weitergehende Beteiligung des Senats zu erwarten wäre. Zusätzlich könnten zumindest bei den ersten Truppenverabschiedungen die Verabschiedungen in Berlin durch den Kaiser mit betrachtet und diese beiden Inszenierungen in ihrer gemeinsamen Wirkung untersucht werden. Aber auch in Hamburg würden neue Orte relevant werden, wie der in der Nähe des Baakenhafens gelegene Bahnhof Lippeltstraße. Über diesen heute nicht mehr existierenden Bahnhof reisten die Soldaten des ersten Truppentransports für den Kolonialkrieg in DSWA an, bevor die Züge später direkt auf den Petersenkai gelenkt wurden. In diesem Bahnhof gab es schon vor der Ankunft im Baakenhafen einen

[441] StArch HH: 132-1 I_3430.
[442] Ebd.
[443] Speitkamp 2014, S. 116.

ersten Empfang der Truppen im Auftrag des Hamburger Senats, bei dem die Soldaten vom Roten Kreuz Butterbrote und Kaffee erhielten und Zigarrentaschen verteilt wurden, bevor die Soldaten an den Petersenkai weiterfuhren, wo die eigentliche Verabschiedung stattfand.[444] Ebenfalls könnte durch die räumliche Erweiterung der Empfang beim Reichstagsabgeordneten Semler für General Deimling stärker mit berücksichtigt und dieser gemeinsam mit dem Empfang am Petersenkai betrachtet werden. Zusätzlich könnte untersucht werden, wie sowohl Deimling als auch Trotha in Berlin empfangen wurden und dies mit den Empfängen in Hamburg verglichen werden.

Wie schon in der Einleitung erwähnt, gab es bereits während des Kolonialkriegs in China (1900–1901) Truppenempfänge in Hamburg für die durchreisenden Soldaten und mit einer zeitlichen Erweiterung des Betrachtungsrahmens könnten diese Inszenierungen ebenfalls untersucht werden. Für diese Empfänge ist der Hannoversche Bahnhof ein wichtiger Ort gewesen, an dem die Soldaten vor ihrer Weiterreise im Auftrag des Senats durch das Rote Kreuz bewirtet wurden und Liebesgaben erhielten.[445] Die Truppen wurden in diesem Krieg vor allem über Bremerhaven und Wilhelmshaven in das Kriegsgebiet gebracht und kamen dort auch wieder an. Wie in der Einleitung erwähnt, gab es allerdings auch immer wieder Transporte, die am Petersenkai in Hamburg ankamen oder abfuhren, und ein größerer Betrachtungsrahmen würde eine bessere Einschätzung der Rolle Hamburgs für die Truppentransporte in diesem Kolonialkrieg ermöglichen. In den Vorrecherchen zu dieser Arbeit ist die große Trauerfeier am O'Swaldkai im Hamburger Hafen für den im Krieg verstorbenen Generalstabsoffizier York von Wartenburg aufgetaucht[446] und es wäre ebenfalls zu untersuchen, ob es noch weitere Trauerfeiern im Kontext dieses Kolonialkriegs in Hamburg gab. Damit wird für verschiedene zentrale Aspekte in dieser Arbeit deutlich, dass diese in ihrer Grundform schon im Kolonialkrieg in China vorhanden waren und für die Inszenierungen im Kontext des Kolonialkriegs in DSWA an diese früheren Strukturen angeschlossen wurde. Im Februar 1903 hat Senatssekretär Hagedorn einen Transport von über 500 Soldaten aus Ostasien im Namen des Senats begrüßt, die am Petersenkai ankamen[447] und am 10. November 1903 kam ein Trup-

444 Hamburgischer Correspondent, Abendausgabe, Nr. 50, 30.01.1904, S. 4.
445 StArch HH: 111-1_46618.
446 StArch HH: 132-1 I_3373.
447 StArch HH: 111-1_46626.

pentransport mit 895 Soldaten an Bord ebenfalls am Petersenkai an.[448] Der erste Truppentransport im Kontext des Kolonialkriegs in DSWA fand bereits Ende Januar 1904 statt, woraus die zeitliche Nähe zwischen den Transporten im Kontext der jeweiligen Kolonialkriege ersichtlich wird. An diesen ersten Beispielen wird schon deutlich, wie ertragreich es wäre, die für diese Arbeit gewählten Beschränkungen auf den Baakenhafen und den Kolonialkrieg in DSWA aufzugeben und damit sowohl das Thema in seiner Größe und Bedeutung für Hamburg besser darstellen zu können als auch andere Städte und Häfen mit einzubeziehen.

Neben dem Krieg in China und der folgenden Besatzungszeit käme durch die Erweiterungen ebenfalls der Kolonialkrieg in der Kolonie DOA in den Blick. Hier kämpften, verglichen mit den anderen beiden großen Kolonialkriegen, wenige Soldaten aus dem Kaiserreich und es gab eine viel geringere mediale Berichterstattung in den Tageszeitungen im Kaiserreich.[449] Daher lässt sich hier eine andere Inszenierung der Transporte vermuten und es würden Besonderheiten und Gemeinsamkeiten der Inszenierungen bei den unterschiedlichen Kolonialkriegen deutlich werden. Einige der Truppen wurden während des Kolonialkriegs in DOA auch über Mittelmeerhäfen in Frankreich und Italien verschifft,[450] sodass sich die Fragestellung sogar über das Deutsche Kaiserreich hinaus erweitern lassen würde.

Auf dieser internationalen Ebene wäre es darüber hinaus interessant, einen Vergleich zu Truppentransporten von anderen Kolonialmächten zu erstellen. In diesem Kontext möchte ich auf einen kurzen Artikel von Rhys Philips aus der 2010 gegründeten Forschungsgruppe »Port Towns and Urban Cultures« des Fachbereichs Geschichte der University of Portsmouth verweisen.[451] In seinem online erschienen Artikel »Imperial Identity in Port Towns: a spotlight on Southampton and Liverpool, 1900« vom 7. Juli 2014 untersucht Philips Truppentransporte aus den beiden englischen Hafenstädten in den britischen Eroberungskrieg gegen die Burenrepubliken im Süden des afrikanischen Kontinents.[452] Dabei untersucht Philips auch, wie in den lokalen Tageszeitungen über die große Begeisterung der städtischen Bewohner*innen

[448] Hamburgischer Correspondent, Abendausgabe, Nr. 528, 10.11.1903, S. 5.
[449] Chall/Mezger 2005, S. 143.
[450] Kuß 2010, S. 226.
[451] http://porttowns.port.ac.uk/about/ (eingesehen am 25.03.2017).
[452] http://porttowns.port.ac.uk/imperial-identity-port-towns-spotlight-southampton-liverpool1900/ (eingesehen am 25.03.2017).

für die Transporte berichtet wurde.[453] Philips beschreibt dabei Szenarien, bei denen sich Tausende begeisterte »well-wishers« an den Kais versammelten und den ankommenden und abfahrenden Schiffen zujubelten.[454] Dabei trugen sie verschiedene patriotische Symbole, wie die Nationalfahne Großbritanniens mit sich und bei den Ankünften von Generälen konnte sich die Begeisterung noch so weit steigern, dass Absperrungen durchbrochen wurden, um einen Blick auf die Generäle zu erlangen.[455] Die großen Ähnlichkeiten zwischen den Inszenierungen im Hamburger Hafen und denen in den beiden englischen Hafenstädten lassen einen international vergleichenden Forschungsansatz sehr vielversprechend erscheinen.

Für die weitere Erforschung der Inszenierungen im Kontext der deutschen Kolonialkriege würde es sich neben den schon erwähnten zeitlichen und räumlichen Erweiterungen anbieten, die Rollen verschiedener Akteure genauer zu untersuchen. Das Hamburger Rote Kreuz ist bei fast allen Inszenierungen beteiligt gewesen und die Rolle von Personen wie Karl Sauer ist in diesem Zusammenhang bisher kaum klar geworden. Auf der Seite des Senats war der Senatssekretär Anton Hagedorn ein wichtiger Akteur, der zentrale Aufgaben in Bezug auf die Inszenierungen übernommen hatte und dessen genaue Rolle bei den Inszenierungen ebenfalls noch unklar ist.

Die Ankunft der Krankenschwester Mary Jones hat deutlich gemacht, dass die Untersuchung des Aspekts von Geschlechterrollen in Bezug auf die Inszenierungen ebenfalls sehr vielversprechend wäre. Darüber würde sich untersuchen lassen, wie das in den Inszenierungen dargestellte Weltbild nicht nur von Nationalismus, Patriotismus und Rassismus geprägt war, sondern auch von Chauvinismus und einer patriarchalen Gesellschaftsordnung.

Die Auseinandersetzungen in dieser Arbeit sowie die Überlegungen zu verschiedenen Anschlussmöglichkeiten und Fortführungen haben aus meiner Sicht gezeigt, dass die Truppentransporte im Kontext der Kolonialkriege ein wichtiges und interessantes Thema für die Erforschung der Kolonialgeschichte in Deutschland sind. Über die Analyse der Inszenierungen der Truppentransporte ist es möglich, die Rolle und Bedeutung von Kolonialismus in bestimmten Kontexten für das Deutsche Kaiserreich genauer zu betrachten. Damit ist sowohl gemeint,

[453] Ebd.
[454] Ebd.
[455] Ebd.

welche Rolle Kolonialismus in bestimmten lokalen Kontexten eingenommen hat, wie zum Beispiel in einer vom wirtschaftlichen Handel sehr stark abhängigen Stadt wie Hamburg. Es lässt sich aber ebenfalls an den Inszenierungen im Kontext der Kolonialkriege deutlich zeigen, welche Rolle Kolonialismus und die Abgrenzung gegenüber vermeintlich »Anderen« im Kontext einer nationalen Identitätsfindung im Deutschen Kaiserreich gespielt hat, die auf eine eigene Geltung als Weltmacht abzielte.

Neben diesen Überlegungen zur Auseinandersetzung mit dem Thema in der Geschichtswissenschaft steht der Umgang mit dem Thema im Kontext einer erinnerungspolitischen Auseinandersetzung. Eine der zentralen Erkenntnisse dieser Arbeit ist die Bedeutung des Baakenhafens für die Kolonialgeschichte Hamburgs in Bezug auf den Kolonialkrieg in DSWA. Aus dieser Erkenntnis ergibt sich die Notwendigkeit – als Folge der in der Einleitung genannten Forderung nach einer Aufarbeitung der kolonialen Geschichte durch die AOG sowie der selbstgenannten Zielsetzung des Hamburger Senats – diese Aufarbeitung zu leisten – diesen Ort in einem (post-)kolonialen Erinnerungskonzept für die Kolonialgeschichte in Hamburg angemessen zu berücksichtigen. Aus den weiterführenden Überlegungen in diesem letzten Teil wird noch einmal deutlich, dass das Kapitel der Truppentransporte für Hamburg über den Kolonialkrieg in DSWA hinausgeht. Als (post-)kolonialer Erinnerungsort der Stadt Hamburg könnte der Petersenkai eine doppelte Funktion einnehmen: Hier wäre es möglich, sich kritisch mit der Rolle der Stadt Hamburg in Kolonialkriegen des Deutschen Kaiserreichs auseinanderzusetzen und darüber hinaus hier einen Ort zu schaffen, an dem den Opfern dieser kolonialen Gewalt gedacht werden kann. Aus erinnerungspolitischen Gründen wären somit aus meiner Sicht zunächst zwei Schritte notwendig: Erstens den Petersenkai als einen Ort der Kolonialgeschichte im öffentlichen Bewusstsein sichtbar zu machen und zweitens in einen öffentlichen Dialog über die Form des Gedenkens an die Opfer der kolonialen Gewalt zu treten, an dem Interessengruppen der direkten Nachfahren der Opfer – wie zum Beispiel die AOG – ebenso beteiligt sind wie die Bewohner*innen der Stadt Hamburg.

5 Quellen- und Literaturverzeichnis

5.1 Quellen

5.1.1 Publizierte Quellen

Verschiedene publizierte Quellen

Bubendey, J.F./Lorenzen; C.: Der Hamburger Hafen und die Regulierungen der Unterelbe, in: Hamburger Börsenhalle GmbH [Hrsg.]: Hamburgs Handel und Verkehr. Illustriertes Export-Handbuch der Börsenhalle 1912/14, Band 8, Hamburg 1912/14, S. 3–104.

Bürgerschaft der Freien und Hansestadt Hamburg: Mitteilung des Senats an die Bürgerschaft. Stellungnahme des Senats zu dem Ersuchen der Bürgerschaft vom 13. Juni 2013 »Bericht des Kulturausschusses über die Drucksache 20/3752: Aufarbeitung des »kolonialen Erbes« – Neustart in der Erinnerungskultur unter Einbeziehung der Partnerschaft mit Daressalam« (Drucksache 20/8148), Hamburg 2014.

Frobenius, H. [Hrsg.]: Militär-Lexikon. Handwörterbuch der Militärwissenschaften, Berlin 1901.

Gesellschaft für Hafen- und Standortentwicklung mbH: HafenCity Hamburg. Der Masterplan, Hamburg 2000.

HafenCity Hamburg GmbH: Baakenhafen. Eingeladener städtebaulicher Realisierungswettbewerb, Hamburg 2011.

Hamburger Börsenhalle GmbH [Hrsg.]: Hamburgs Handel und Verkehr. Illustriertes Export-Handbuch der Börsenhalle 1912/14, Band 8, Hamburg 1912/14.

Kommando der Schutztruppen im Reichs-Kolonialamt: Sanitäts-Bericht über die Kaiserliche Schutztruppe für Südwestafrika während des Herero- und Hottentottenaufstandes für die Zeit vom 1. Januar 1904 bis 31. März 1907, Berlin 1909.

Königlich Preußisches Kriegsministerium: Sanitäts-Bericht für das Kaiserliche Ostasiatische Expeditionskorps für den Berichtszeitraum vom 1. Juli 1900 bis 30. Juni 1901 und die Kaiserliche Ostasiatische Besatzungs-Brigade für den Berichtszeitraum vom 10. Juni 1901 bis 30. September 1902, Berlin 1904.

O.N.: Die Woermann-Linie während des Aufstandes in Deutsch-Südwest-Afrika, Hamburg 1906.

Presse- und Informationszentrum Marine: Mit Heimatwimpel zurück nach Hause. Die Schnellboote »Hermelin« und »Gepard« kehren aus dem Einsatz heim, 22.05.2013; http://www.presseportal.de/pm/67428/2476804 (eingesehen am 03.03.2017).

Dies.: Fregatte »Karlsruhe« kehrt vom letzten Einsatz zurück, Nr.: 056/16, 13.09.2016; http://www.presseportal.de/pm/67428/3428916 (eingesehen am 03.03.2017).

Reichs-Marine-Amt: Sanitätsbericht über die Marine-Expeditionskorps in Südwestafrika 1904/05 und in Ostafrika 1905/06, Berlin 1908.

Schnee, Heinrich [Hrsg.]: Deutsches Kolonial-Lexikon, Band 2, Leipzig 1920.

Zeitungen

Überblick, sortiert nach Zeitungsnamen, über die Zeiträume, aus denen Ausgaben verwendet wurden. Detaillierte Angaben zu der verwendeten Ausgabe in der jeweiligen Fußnote.

	Zeitungsname	Zeitraum
1.	Hamburgischer Correspondent	1903: November. 1904: Januar bis Dezember 1905: Januar bis Dezember. 1906: Januar bis Dezember. 1907: Januar bis Juni.
2.	Hamburger Nachrichten	1904: Januar, Februar, März, Mai, Juni, August, Oktober, November, Dezember. 1905: Januar bis Dezember. 1906: Januar bis Dezember. 1907: Januar bis Juni.
3.	Neue Hamburger Nachrichten	1904: Januar, Februar, März, Mai, Juni, August, Oktober, November, Dezember. 1905: Januar bis Dezember. 1906: Januar bis Dezember. 1907: Januar bis Juni.
4.	Altonaer Nachrichten	1904: Januar, Februar, März, Mai, Juni, August, Oktober, November, Dezember. 1905: Januar bis Dezember. 1906: Januar bis Dezember. 1907: Januar bis Juni.

5.	General-Anzeiger für Hamburg-Altona	1904: Januar, Februar, März, Mai, Juni, August, Oktober, November, Dezember. 1905: Januar bis Dezember. 1906: Januar bis Dezember. 1907: Januar bis Juni.

5.1.2 Nicht publizierte Quellen

Staatsarchiv Hamburg (StArch HH)

111-1_46618: Begrüßung und Bewirtung der über Hamburg zum Kriegsschauplatz in China beförderten Truppen des ostasiatischen Expeditionskorps sowie der aus China heimgekehrten Truppentransporte im Namen des Senats durch die Hamburger Kolonne des Roten Kreuzes 1900–1901. Akte des Syndicus O´Swald zur Bewirtung 1900, 1900–1901.

111-1_46626: Empfang der am 16.02.1903 mit dem Reichspostdampfer »König Albert« aus Ostasien eingetroffenen deutschen Truppen und deren Begrüßung durch Senatssekretär Dr. Hagedorn im Namen des Senats, 1903.

132-1 I_180: Empfang der nach Deutsch-Südwestafrika ausreisenden Truppen in Hamburg, 1905–1908.

132-1 I_671: Verleihung der Südwestafrika-Medaille, 1907–1908.

132-1 I_2998: Überführung der Leichen der in Deutsch-Südwestafrika gefallenen Soldaten, 1904–1905.

132-1 I_3373: Feierlicher Empfang der Leiche des in Ostasien gestorbenen Obersten Grafen York von Wartenburg in Hamburg, 1901.

132-1 I_3430: Feierlicher Empfang der Leiche des auf der Heimreise aus dem Schutzgebiet Kamerun verstorbenen Majors Dominik, 1910.

342-1 II_O XIII c: Die Aufstände im Südwestafrikanischen Schutzgebiete in Deutsch-Ostafrika und in Kamerun, 1901–1911.

371-8 II_S VIII D 1.13.1. Band I: Verpachtungen von Kaistrecken und Schuppen an die Deutsche Levante-Linie, die Deutsche-Ost-Afrika-Linie und die Woermann-Linie. Vermietung von Kaistrecken und Schuppen an die Deutschostafrika-, die Deutsche Levante- und die Woermann-Linie, 1891–1921.

371-8 II_S VIII D 1.13.1 Band III: Verpachtungen von Kaistrecken und Schuppen an die Deutsche Levante-Linie, die Deutsche-Ost-Afrika-Linie und die Woermann-Linie. Vermietung von Kaistrecken und Schuppen an die Deutschostafrika-, die Deutsche Levante- und die Woermann-Linie, 1939–1944.

371-8 II_S VIII D 1.13.5. Band I: Verpachtungen von Kaistrecken und Schuppen an die Deutsche Levante-Linie, die Deutsche-Ost-Afrika-Linie und die Woermann-Linie. Verpachtung von Kaischuppen am Amerikakai an die deutsche Levantelinie, 1910–1930.

371-8 II_S XXI C 2.11: Vertrag der Kolonialabteilung mit der Woermann-Linie

über regelmäßige Dampferverbindung mit Westafrika und Transporte von Truppen und Munition.
731-8_A 906: Hamburg und die deutschen Kolonien.

Bundesarchiv Koblenz (BArch)

Bild 146-2008–0180: Transport der Kaiserlichen Schutztruppe für Deutsch-Süd-West-Afrika. Abfahrt des Dampfers »Ernst Woermann« von Hamburg nach dem Kriegsschauplatz.
Bild 146-2008–0344: Transport der Kaiserlichen Schutztruppe für Deutsch-Süd-West-Afrika. Abfahrt des Woermann-Dampfers von Hamburg nach dem Kriegsschauplatz.
Bild 183-H28370: Truppentransport an Bord des Dampfers »Hans Woermann« in Hamburg zur Verstärkung der deutschen Schutztruppe in Deutsch-Südwestafrika im Kampf gegen den im Januar 1904 ausgebrochenen Hereroaufstand.
N 1030 Bild-001: Ansichten von Deutsch-Südwest-Afrika (Fotoalbum).
N 1030 Bild-039: Ansichten von Deutsch-Südwest-Afrika (Fotoalbum). Original-Aufnahme vom »Atelier Schaul«, Hamburg, Speersort 24.
N 1030 Bild-040: Ansichten von Deutsch-Südwest-Afrika (Fotoalbum). Original-Aufnahme vom »Atelier Schaul«, Hamburg, Speersort 24.

Deutsches Historisches Museum, Objektdatenbank

Fa 69/3: Heimatwimpel der Reichsmarine.
Online zugänglich unter: http://www.dhm.de/datenbank/dhm.php?seite=5&fld_0=MI009938 (eingesehen am 05.03.2017).
Fa 69/4: Heimatwimpel der Reichsmarine.
Online zugänglich unter: http://www.dhm.de/datenbank/dhm.php?seite=5&fld_0=MI009939 (eingesehen am 05.03.2017).

5.2 Literatur

Baasch, Ernst: Geschichte des Hamburgischen Zeitungswesens von den Anfängen bis 1914, Hamburg 1930.
Becker, Felicitas/Beez, Jigal: Ein nahezu vergessener Krieg. Vorwort, in: Dies. [Hrsg.]: Der Maji-Maji-Krieg in Deutsch-Ostafrika 1905–1907, Berlin 2005, S. 11–13.
Bley, Helmut: Kolonialherrschaft und Sozialstruktur in Deutsch-Südwestafrika 1894–1914, Hamburg 1968.
Brackmann, Karl: Fünfzig Jahre deutscher Afrikaschiffahrt. Die Geschichte der Woermann-Linie und der Deutschen Ost-Afrika-Linie, Berlin 1935.
Chall, Inka/Mezger, Sonja: Die Perspektive der Sieger. Der Maji-Maji-Krieg in der kolonialen Presse, in: Becker, Felicitas/Beez, Jigal [Hrsg.]: Der Maji-Maji-Krieg in Deutsch-Ostafrika 1905–1907, Berlin 2005, S. 143–153.
Conrad, Sebastian/Randeria, Shalini: Einleitung. Geteilte Geschichten – Eu-

ropa in einer Postkolonialen Welt, in: Dies. u.a. [Hrsg.]: Jenseits des Eurozentrismus. Postkoloniale Perspektiven in den Geschichts- und Kulturwissenschaften, 2. erweiterte Auflage, Frankfurt a.M./New York 2013, S. 32–70.

Dussel, Konrad: Deutsche Tagespresse im 19. und 20. Jahrhundert, Münster 2004.

Elsner, Tobias von: Kaisertage. Die Hamburger und das Wilhelminische Deutschland im Spiegel öffentlicher Festkultur, Frankfurt a.M. 1991.

Gabrielsson, Peter: 371-8 II Deputation für Handel, Schiffahrt und Gewerbe II; in: Flamme, Paul/Gabrielsson, Peter u.a. [Hrsg.]: Kommentierte Übersicht über die Bestände des Staatsarchivs der Freien und Hansestadt Hamburg, 2. erweiterte Auflage, Hamburg 1999, S. 200–201.

Hamann, Christof/Honold, Alexander: Der Kilimandscharo, in: Zimmerer, Jürgen [Hrsg.]: Kein Platz an der Sonne. Erinnerungsorte der deutschen Kolonialgeschichte, Frankfurt a.M. 2013, S. 81–95.

Hettling, Manfred/Echternkamp, Jörg: Deutschland. Heroisierung und Opferstilisierung. Grundelemente des Gefallenengedenkens von 1813 bis heute, in: Dies. [Hrsg.]: Gefallenengedenken im globalen Vergleich. Nationale Tradition, politische Legitimation und Individualisierung der Erinnerung, München 2013, S. 123–158.

Hettling, Manfred: Historische Traditionen des Gefallenengedenkens. Nationale, militärische, religiöse und private Sinnbezüge, in: Christ-Friedrich, Anna/Deeg, Alexander u.a. [Hrsg.]: Pastoraltheologie, Band 103, Ausgabe 1, Göttingen 2014, S. 21–35.

Hobsbawm, Eric: Mass-Producing Traditions: Europe, 1870–1914; in: Ders./Ranger, Terence: The Invention of Tradition, Cambridge 1983, S. 263–307.

Hormann, Jörg-Michael: Willy Stöwer. Marinemaler der Kaiserzeit, Hamburg 2001.

Hottmann, Katharine/Siegert, Christine: Musik als kulturelle Repräsentation – Einleitung; in: Dies. [Hrsg.]: Feste – Opern – Prozessionen, Musik als kulturelle Repräsentationen, Hildesheim u.a. 2008, S. 13–25.

Hottmann, Katharina: Vom Kaiser-Wilhelm-Marsch zur Wacht am Rhein. Die musikalische Siegesfeier in der Berliner Hofoper am 17. Juni 1871, in: Dies./Siegert, Christine [Hrsg.]: Feste – Opern – Prozessionen, Musik als kulturelle Repräsentationen, Hildesheim u.a. 2008, S. 97–114.

Kaufmann, Gerhard: Vorwort, in: Ders. [Hrsg.]: Kat.-Ausst. Altona: Liebesgaben für den Schützengraben 1914–1918. 15. Juni–14. August 1994. Altonaer Museum in Hamburg. Norddeutsches Landesmuseum, Hamburg 1994, S. 3–4.

Kähler, Gert: HafenCity Hamburg. Spuren der Geschichte, in: HafenCity Hamburg GmbH [Hrsg.]: Arbeitshefte zur Hafencity, Hamburg 2001.

Ders./Schürmann, Sandra: Spuren der Geschichte. Hamburg, sein Hafen und die Hafencity, in: HafenCity Hamburg GmbH [Hrsg.]: Arbeitshefte zur Hafencity, Hamburg 2010.

Klein, Thoralf: Die Hunnenrede (1900), in: Zimmerer, Jürgen [Hrsg.]: Kein Platz an der Sonne. Erinnerungsorte der deutschen Kolonialgeschichte, Frankfurt a.M. 2013, S. 164–176.

Kundrus, Birthe: Moderne Imperialisten. Das Kaiserreich im Spiegel seiner Kolonien, Köln/Weimar u.a. 2003.

Kuß, Susanne: Deutsches Militär auf kolonialen Kriegsschauplätzen. Eskalation von Gewalt zu Beginn des 20. Jahrhunderts, Berlin 2010.

Laak, Dirk van: Über alles in der Welt. Deutscher Imperialismus im 19. und 20. Jahrhundert, München 2005.

Lorenzen-Schmidt[1], Klaus-J.: 132-1 I Senatskommission für die Reichs- und auswärtigen Angelegenheiten I; in: Flamme, Paul/Gabrielsson, Peter u.a. [Hrsg.]: Kommentierte Übersicht über die Bestände des Staatsarchivs der Freien und Hansestadt Hamburg, 2. erweiterte Auflage, Hamburg 1999, S. 48–49.

Ders.[2]: 342-1 I Militärkommission des Senats I; in: Flamme, Paul/Gabrielsson, Peter u.a. [Hrsg.]: Kommentierte Übersicht über die Bestände des Staatsarchivs der Freien und Hansestadt Hamburg, 2. erweiterte Auflage, Hamburg 1999, S. 139.

Mancheno, Tania: All change, please! Über die Un-/Möglichkeiten der Dekolonialisierung des öffentlichen Raumes in Hamburg, in: ZAG. Antirassistische Zeitschrift, Ausgabe 70, Berlin 2015, S. 25–27.

Meyer, Gerhard: Cuxhaven/Ritzebüttel, in: Kopitzsch, Franklin/Tilgner, Daniel: Hamburg Lexikon, Hamburg 2010, S. 155–156.

Möhle[1], Heiko: Paläste des Wohlbefindens und Hütten der Armut. Ein Spaziergang durch das Tor zur Welt, in: Ders. [Hrsg.]: Branntwein, Bibeln und Bananen. Der deutsche Kolonialismus in Afrika. Eine Spurensuche, Hamburg 1999, S. 31–36.

Ders.[2]: »Pardon wird nicht gegeben«. Aufständische Afrikaner und hanseatische Kriegsgewinnler, in: Ders. [Hrsg.]: Branntwein, Bibeln und Bananen. Der deutsche Kolonialismus in Afrika. Eine Spurensuche, Hamburg 1999, S. 63–68.

Münch, Ingo von: Industriedenkmalpflege ist Zukunftsplanung, in: Deutsches Nationalkomitee für Denkmalschutz beim Bundesminister des Innern [Hrsg.]: Aspekte und Perspektiven der Hafendenkmalpflege. Dokumentation der 15. Pressefahrt des Deutschen Nationalkomitees für Denkmalschutz in Zusammenarbeit mit der Denkmalbehörde Hamburg und den Denkmalämtern der norddeutschen Küstenregion, erweitert durch Beiträge des Internationalen Hafensymposiums vom 6.–9.9.1989, Bonn 1989, S. 53–59.

Nirrnheim, Hans: Anton Hagedorn, in: Das Bayerische Hauptstaatsarchiv in München [Hrsg.]: Archivalische Zeitschrift, 3. Folge, Band 8, München 1932, S. 317–323.

Osterhammel, Jürgen/Jansen, Jan C.: Kolonialismus. Geschichte, Formen, Folgen, 7., vollständig überarbeitete und aktualisiert Auflage, München 2012.

Sautter, Udo: Deutsche Geschichte seit 1815: Daten, Fakten, Dokumente, Band 1: Daten und Fakten, Tübingen 2004.

Sösemann, Bernd: »Pardon wird nicht gegeben!«. Staatliche Zensur und Presseöffentlichkeit zur »Hunnenrede«, in: Leutner, Mechthild/Mühlhahn, Klaus [Hrsg.]: Kolonialkrieg in China. Die Niederschlagung der Boxerbewegung 1900–1901, Berlin 2007, S. 118–122.

Speitkamp, Wilfried: Deutsche Kolonialgeschichte, Stuttgart 2014.
Stollber-Rilinger, Barbara: Rituale, Frankfurt a.M. 2013.
Tolkemitt, Brigitte: Der Hamburgische Correspondent. Zur öffentlichen Verbreitung der Aufklärung in Deutschland, Tübingen 1995.
Wünsche, Dietlind: Feldpostbriefe aus China. »Jeden Zehnten mindestens Kopf ab in den aufrührerischen Gegenden ...«, in: Leutner, Mechthild / Mühlhahn, Klaus [Hrsg.]: Kolonialkrieg in China. Die Niederschlagung der Boxerbewegung 1900–1901, Berlin 2007, S. 153–162.
Zeigerer, Merle: Kriegsberichterstatter in den deutschen Kolonialkriegen in Asien und Afrika. Augenzeugen, Anstifter, Komplizen?, Kiel 2016.
Ziemann, Benjamin: Das Deutsche Kaiserreich 1871–1918, in: Bundeszentrale für politische Bildung [Hrsg.]: Informationen zur politischen Bildung, Nr. 329 / 2016, Bonn 2016.
Zimmerer, Jürgen / Zeller, Joachim [Hrsg.]: Völkermord in Deutsch-Südwestafrika. Der Kolonialkrieg (1904–1908) in Namibia und seine Folgen, 3., aktualisierte Auflage, Berlin 2016.